À mon père Mh'amed Ben Salah,
et à ma mère Hayet Ben Abdallah.

Remerciements

Je remercie ma compagne Ysabel qui m'a soutenu tout au long de ce projet. Le poète Adonis, qui a fait découvrir Ma'arrî en France, le professeur Abdelaziz Kacem, Christophe Zelawski, Jihane Ben Salah, M'hamed Ali Souissi, Adel Rifaat, Bahgat El Nadi, Nathalie Ayache et Sylvie de Galard ont eu l'amabilité de me relire et de m'encourager. Kenizé Mourad, Vénus Khoury-Ghata et Yaad Ben Achour m'ont reçu et prodigué leurs conseils.

Pendant l'écriture de ce livre, mon regretté ami Isreb Abdelatif, avec qui nous échangions régulièrement au sujet de la littérature arabe, et le jeune Yacine Benahra, qui commençait à peine à se lancer dans l'écriture lorsqu'il a été prématurément emporté, m'ont terriblement manqué.

Un grand merci à mes éditeurs Orients Éditions et Demeter, sans qui ce livre n'aurait pas vu le jour.

Ma fille et ma petite-fille ont été pour moi une source d'inspiration permanente.

Notes

L'Épître du Pardon et *La Divine Comédie* contiennent un très grand nombre de références à des personnages célèbres ou mythologiques et des contemporains des auteurs. Lorsqu'ils sont nommés pour la première fois, un astérisque renvoie au glossaire en fin de livre qui en donne une biographie sommaire. Exceptionnellement, dans un contexte médiéval, certains noms arabes sont remplacés par leur équivalent latin (Averroès pour Ibn Rushd, Avicenne pour Ibn Sina et Mahomet pour le Prophète Muhammad par exemple).

Les références aux citations (livre, édition, année, traduction et page) sont inscrites en bas de page. Lorsqu'un livre est repris plusieurs fois, il est désigné ensuite par une abréviation (exemple *DC* pour *La Divine Comédie*). Une explication de certains lieux apparait aussi en note de bas de page.

Ce livre n'est pas le fruit d'une recherche de documents inédits, mais plutôt un résumé de nombreux ouvrages littéraires, historiques ou religieux.

La traduction de l'arabe ou de l'italien enlève parfois le sel de l'original. J'ai essayé de retenir celles qui me paraissaient le plus traduire la pensée de l'auteur.

Le titre de ce livre est inspiré d'un *hadith* authentique cité par Muslim et Boukhari : *Du début du mois de Ramadan, les portes du Paradis s'ouvrent...*

Les Portes de l'Enfer s'ouvrent au Paradis

De *L'Épître du Pardon* de Ma'arrî,
de *La Divine Comédie* de Dante.

L'idée de cet essai a germé pendant le premier confinement. Ma compagne et moi lisions l'excellente traduction française du célèbre recueil de poèmes[1] de Abu al-Alàa al-Ma'arrî[2] : *Rets d'éternité*[3]. Éblouis par la hardiesse et la modernité de ce poète du XIe siècle, nous avons consulté le *Dictionnaire encyclopédique de l'islam*[4] pour trouver la mention suivante : *Dans sa* Risalat-al-Ghufran[5]*, al-Ma'arrî décrit une visite dans le monde infernal qui a peut-être inspiré Dante pour sa* Divine Comédie. Ysabel Saïah-Baudis, dont la maison d'édition[6] a pour ambition de jeter un pont entre Orient et Occident, avait déjà publié *Le livre de Kalila et Dimna*[7] , source d'inspiration pour *Les Fables de La Fontaine.* Elle me demanda alors : *Pourquoi n'écris-tu pas un livre sur Ma'arrî et Dante ?* L'idée me parut incongrue. Je ne me sentais pas légitime pour écrire un livre sur ces deux géants de la littérature universelle. Gaston Wiet*, professeur au collège de France, décrit *L'Épître du Pardon* comme le *chef-d'œuvre incontesté de la prose arabe*[8], quant à Dante, il est tout simplement décrit, par les Italiens, comme le *père de la langue italienne*[9].

---

[1] Ma'arrî, Luzûmiyyât, (**LZ**), Dâr Sàdir Beirut, tomes I - II, 1988.

[2] Pour plus de fluidité Abu al-Alàa al-Ma'arrî sera tout au long de ce livre désigné par Ma'arrî.

[3] Adonis, *Rets d'éternité*, trad. W. Minkowski, Paris, Fayard, 1988.

[4] Cyril Glassé, *Dictionnaire encyclopédique de l'islam* (**DEO**), Paris, Bordas, 1991.

[5] Titre arabe de *L'Épitre du Pardon* (**EP**) Paris, Gallimard, 1984.

[6] Orients Éditions.

[7] Ibn al-Muqaffa'*, *Le Livre de Kalila et Dimna*, trad. André Miquel, Paris, Orients/Klincksieck, 2012.

[8] Cité par Étiemble en préface, **EP**, p. 7.

[9] Dante a contribué, avec Pétrarque et Boccace, à la naissance de la langue italienne en choisissant le dialecte toscan plutôt que le latin pour écrire son chef-d'œuvre.

Pourtant l'idée fit son chemin et je me suis lancé dans une lecture effrénée d'ouvrages sur le dogme de l'au-delà dans l'islam et le christianisme, sur l'histoire passionnante du Moyen Âge Central dans le monde arabe et en Europe. J'ai lu les œuvres de Ma'arrî et de Dante ainsi que de nombreux ouvrages d'exégèse de *La Divine Comédie* sans oublier les livres qu'a consacré Taha Hussein* au poète aveugle[10]. En reprenant la lecture de *La Divine Comédie* et de *L'Épître du Pardon*, le sens de ces œuvres s'est soudain éclairé. Cette expérience, qui a pris trois années de ma vie, je voudrais la transmettre au lecteur.

Ma motivation première pour écrire ce livre fut la découverte de la quasi-disparition de Ma'arrî des librairies. Se procurer *L'Épître du Pardon* en version arabe ou traduite est devenu un parcours du combattant. L'enseignement de ce livre, lorsqu'il n'est pas interdit[11], a beaucoup régressé, si bien que la majorité des étudiants de nos jours n'a jamais lu le texte complet. En Occident, en dehors du cercle des orientalistes, des écrivains et des professeurs de lettres arabes, il reste presque inconnu. Quant à Dante, s'il est adulé en Italie, il n'est que très peu lu en Orient. Il m'a paru utile et urgent de combler ces lacunes et de rappeler que ces deux auteurs furent les premiers laïcs à s'emparer d'un sujet jusque-là exclusivement réservé aux religieux (Église et Imams), à une époque où l'inquisition* menaçait tout déviant de mort. En effet, *L'Épître du Pardon* et *La Divine Comédie* nous offrent un voyage dans le monde futur (enfer, purgatoire, paradis) à une époque où le dogme de

[10] Ma'arrî, comme Taha Hussein, était aveugle.

[11] Les livres de Ma'arrî sont notamment interdits en Algérie et en Arabie Saoudite.

l'au-delà était d'une importance capitale, aussi bien en islam que dans le catholicisme. Ma'arrî et Dante ont dû prendre parti quant aux visions qui divisaient alors les milieux religieux. J'ai trouvé intéressant de revisiter ces débats et de mettre en lumière l'audace et l'érudition nécessaires pour écrire ces deux chefs-d'œuvre de la poésie médiévale[12]. Ma'arrî, avec humour, a complètement déconstruit le dogme fourni de l'au-delà musulman tandis que Dante, avec foi, a donné corps à un dogme toujours en construction, au point d'éclipser le travail de plusieurs siècles des pères de l'Église catholique.

Ce livre ne s'adresse pas à des spécialistes, bien plus capables que moi de parler de Dante et Ma'arrî, mais à des personnes curieuses de littérature, de l'histoire des religions et qui se demandent si l'islam peut avoir sa place dans une démocratie. Le livre adopte une structure identique pour les deux auteurs. Je passe d'abord en revue les sources religieuses, poétiques, littéraires et politiques qui ont inspiré leurs œuvres, les évènements de leurs vies et les autres livres et poèmes qu'ils ont écrits et qui nous éclairent sur leurs pensée et philosophie. Je continue par une description sommaire de leurs deux chefs-d'œuvre, en apportant quelques clefs pour leur compréhension. J'en examine l'originalité et la postérité, avant de les mettre en parallèle et de me situer par rapport à la controverse qui a suivi la publication du livre du prêtre espagnol Miguel Asìn Palacios*, *L'Eschatologie[13] musulmane dans la Divine*

[12] *L'Épître du Pardon* est écrit en prose rimée (*saj'*) et contient de très nombreux poèmes. La Divine Comédie est un poème.

[13] Ensemble de doctrines et de croyances portant sur le sort ultime de l'homme après sa mort et sur celui de l'univers après sa disparition.

Comédie[14]. Cet ouvrage suggère que le Florentin a puisé son inspiration dans une eschatologie musulmane très fournie, transmise en Occident par l'Andalousie. En conclusion, je montre en quoi ces deux œuvres, en rupture totale avec leur époque, peuvent apporter des réflexions encore valables pour éclairer le monde dans lequel nous vivons. Leur lecture est riche en enseignements sur le chaos qui nous entoure. Philosophie, consommation, guerres civiles ou de religion, préservation de l'environnement, corruption, science, liberté d'expression, fanatisme, théories complotistes, régimes tyranniques, foi ou tout simplement angoisse devant la mort : tous ces thèmes y sont abordés de façon si moderne qu'on a du mal à croire qu'elles ont été écrites il y a sept et dix siècles.

[14] Miguel Asîn Palacios, *L'Eschatologie Musulmane dans la Divine Comédie,* (EMDC), suivi de *Histoire et critique d'une polémique*, Milan, Arche Edizioni, 1992.

Ma‘arrî et *L’Épître du Pardon*

Ce livre commence par L’Épître du Pardon, parue près de trois siècles avant La Divine Comédie.

Ma‘arrî écrit ce chef-d’œuvre de la littérature arabe dans un moment de crise politique. La Syrie, son pays natal, est prise en étau entre l’Empire byzantin, l’Empire shiite fatimide du Caire et l’Empire abbasside sous tutelle des Persans. L’instabilité y est constante et les frontières ne cessent de bouger. Pourtant l’activité culturelle et théologique est à son apogée. Les débats religieux entre factions musulmanes font rage. Les poètes, les écrivains et les savants sont recherchés par toutes ces cours rivales. Homme immensément cultivé, poète hors pair, esprit d’une liberté rare, Ma‘arrî se singularise parmi ses pairs. Vivant reclus, il observe son environnement et, à coups de poèmes acérés, critique aussi bien les régnants, les docteurs de la Loi que le peuple. Ma‘arrî saisit une opportunité : une lettre lui parvient d’un vague grammairien et en guise de réponse, il l’imagine mort et décrit son séjour dans l’au-delà. Son *Épître du Pardon* se distingue de toutes les œuvres littéraires qui l’ont précédé et suivi par son audace, sa langue et son humour. Elle est tellement irrévérencieuse qu’elle gronde comme le tonnerre et son accueil est extrêmement réservé. Si Ma‘arrî échappe à l’inquisition, son livre tombe dans l’oubli. Il n’est exhumé qu’au XXe siècle.

Pour comprendre cette œuvre à tiroirs, il faut dire les sources théologiques qui l’inspirent. D’abord, le Coran, porteur d’une eschatologie impressionnante, puis les débats qui divisent les différentes écoles d'exégèse musulmane sur la nature de l'au-delà ; enfin, les croyances populaires fortement imprégnées des contes du voyage nocturne du prophète de l'islam, Muhammad*. Les sources poétiques et politiques sont ensuite évoquées ainsi qu'un résumé de sa vie et de sa philosophie. Autant d'éléments qui permettent de donner les clefs pour comprendre le résumé qui suit.

Les sources coraniques

Le Coran

Le Coran est révélé au prophète Muhammad en 610, soit près de six siècles après le message de Jésus. L'immense majorité des musulmans pense que le Livre Saint n'est pas une création humaine, qu'il est incréé et fait partie de l'essence même de Dieu. Son contenu absolu et intemporel ne peut, en aucun cas, être remis en cause. Il contient 114 sourates et 6 236 versets où il est très souvent question de l'au-delà (apocalypse, résurrection, Jugement dernier, paradis, enfer, bienheureux et damnés). Cette pléthore de détails et leur rappel donnent une idée de l'importance capitale de ce dogme dans l'islam.

Ma'arrî, conscient de la valeur que revêt le Coran pour les musulmans, cite de très nombreux versets pour justifier ses scènes iconoclastes et se prémunit ainsi de l'inquisition.

L'Ange Gabriel, lorsqu'il se présente à Muhammad pour la première fois et lui révèle le Livre Saint, lui commande :

Lis ! car ton Seigneur est le Très-Généreux qui a instruit l'homme (au moyen du calame) et lui a enseigné ce qu'il ignorait[15].

En effet, hormis quelques tribus juives et chrétiennes[16], la

---

[15] Le Coran (**Coran**), trad. D. Masson, Paris, Gallimard, 1967, Tome II-XCVI, 1-5, p. 760-761.

[16] Les tribus juives vivent essentiellement à Médine et à Khaybar, alors que les chrétiens vivent à Najran.

majorité des habitants de la péninsule arabique est païenne. Elle est, de ce fait, selon le Coran, ignorante de la création de l'univers, des lois célestes et de la vie future après la mort. Les musulmans appellent la période qui a précédé l'islam *Ère de l'ignorance*[17].

Selon la croyance des musulmans, Allah, Dieu Unique créateur de l'univers, Omniprésent, Omnipotent, Omniscient a envoyé aux Arabes ignorants un prophète de chez eux. Il leur offre le Coran en arabe pour les guider, leur enseigner les mystères de la création et de l'au-delà afin qu'ils consacrent leur vie terrestre à le craindre, à suivre sa voie, à ne lui associer aucun autre dieu, à faire le bien et éviter le mal et à s'unir dans la foi et la prière car *La vie de ce monde n'est qu'une jouissance éphémère et trompeuse*[18]. Il leur apprend qu'après leur mort, ils sont ressuscités et apparaissent devant leur Seigneur pour le Jugement dernier. Les bienheureux sont récompensés par le paradis alors que les incrédules vont en enfer pour l'éternité :

C'est lui qui a envoyé aux infidèles un prophète pris parmi eux
qui leur communique ses Versets,
qui les purifie,
qui leur enseigne le Livre et la Sagesse
- Ils se trouvaient, auparavant,
dans un égarement manifeste[19]*-*

[17] Hichem Djaït, historien tunisien (1935-2021), conteste dans *La vie de Muhammad* (trois tomes éd. Fayard : 2001, 2008, 2012) la thèse de l'ignorance (*Jahiliyya*) des Arabes avant l'avènement de l'islam. Cette thèse est toutefois très répandue dans le monde musulman.
[18] *Ibid.,* **Coran** Tome II - LVII, 20, p. 676.
[19] *Ibid.,* **Coran** Tome II - LXII, 2, p. 693.

Le Coran dit que l'homme, lorsqu'il est ressuscité, découvre que sa vie terrestre a été futile, si elle n'a pas été consacrée à la foi. Sur terre, il a été confronté à l'injustice, l'humiliation, la violence, la maladie, les intempéries, la famine et l'indigence sexuelle[20]. Ce dessein vient de la volonté de Dieu pour tester sa foi. Les plus méritants ne regretteront pas leur patience, car aucun de ces maux n'existera au paradis.

Tout ce qui se trouve sur la terre disparaitra,
La face de ton Seigneur subsiste,
pleine de majesté et de munificence[21].

L'apocalypse, la résurrection et le Jugement dernier

Après un temps inconnu, que Dieu seul connaît, les hommes sont ressuscités et jugés.

Ils t'interrogent au sujet de l'Heure :
Quand viendra-t-elle ?
Comment pourrais-tu en parler ?
Il appartient à ton Seigneur d'en fixer le moment.
Tu n'es, toi, que l'avertisseur
de celui qui la redoute[22].

L'imminence du Jugement dernier est annoncée par une apocalypse :

[20] Selon Hichem Djaït, la coutume antéislamique d'enterrer vivante le premier enfant de sexe féminin (*waàd*) a entrainé un déficit démographique et une rareté des femmes à marier, cette thèse est toutefois contestée par d'autres historiens qui n'ont relevé que très peu de cas de *waàd.*

[21] *Ibid.,* **Coran** Tome II - LV, 26-27, p. 664.

[22] *Ibid.,* **Coran** Tome II - LXXIX, 42-45, p. 741.

Lorsque le soleil sera décroché
et les étoiles obscurcies ;
lorsque les montagnes se mettront en marche ;
lorsque les chamelles près de mettre bas
seront négligées ;
Lorsque les bêtes sauvages seront rassemblées ;
Lorsque les mers seront en ébullition ;
Lorsque les âmes seront réparties par groupes ;
Lorsqu'on demandera à la fille enterrée vivante
pour quel crime elle a été tuée ;
Lorsque les pages des livres seront déployées ;
Lorsque le ciel sera déplacé ;
Lorsque la Fournaise sera attisée
et le Paradis rapproché :
Toute âme saura ce qu'elle devra présenter[23].

Le ciel obscurci se déchire et ses étoiles se dispersent, il est semblable à du métal fondu agité d'un tourbillonnement, plié comme un rouleau de parchemin, il se fend par les nuées où l'on fait rapidement descendre les anges, sa fumée bien visible enveloppe les hommes. La terre tremble, nivelée comme une plaine, elle se divise soudain devant les hommes, se vide et rejette son contenu, les mers franchissent leurs limites et les sépulcres sont bouleversés. Les montagnes tremblent et se mettent en mouvement, semblables à des tas de sable répandu et à des flocons de laine, pulvérisées d'un seul coup puis emportées. Les hommes sont alors ressuscités, ils sortent des tombes, les yeux baissés, semblables à des sauterelles

[23] *Ibid.*, **Coran** Tome II - LXXXI, 1-14, p. 743.

éparpillées. Ils sont rassemblés *sur une terre d'un blanc grisâtre comme des galets également tamisés où rien ne peut être distingué*[24]. Les peuples se regroupent, chacun derrière son prophète et attendent, hagards, l'heure de leur jugement :

Écoute !...
Le Jour où le crieur criera d'un endroit proche,
le Jour où ils entendront en toute Vérité le Cri,
ce sera le Jour de la Résurrection[25] *!*

Non !...
Je jure par le Jour de la Résurrection !
Non !...
Je jure par celui qui ne cesse de blâmer !
L'homme pense-t-il que nous ne rassemblons pas ses ossements ?
Oui !...
Nous avons le pouvoir
de remettre en place ses phalanges[26].

Ce Jour-là, l'homme dira :
Où fuir ?
Mais non !
Il n'existe aucun refuge !
Ce Jour-là,
le retour se fera vers ton Seigneur ;
Ce Jour-là,
l'homme sera informé de tout ce qu'il aura fait[27].

[24] Mohammad Ali Amir Moezzi (dir.), *Dictionnaire du Coran,* Paris Laffont, 2OO7, p. 748 (cité par Paul Ballanfat).
[25] *Ibid.,* **RG**, Tome II - L, 41-42, p. 646.
[26] *Ibid.,* **Coran** Tome II - L XXV, 1-4 p. 729.
[27] *Ibid.,* **Coran** Tome II - L XXV, 10-13, p. 729-730.

Tandis que les anges se tiennent sur les confins de la terre, huit d'entre eux portent le Trône du Seigneur. Toute âme sait ce qu'elle a fait de bien et de mal et il est demandé des comptes aux hommes. Ce Jour-là, l'homme est bien seul et se demande ce qui lui arrive, il fuit son frère, sa mère, son père, sa compagne et ses fils, car ils ne lui sont d'aucun secours.

Mais lorsque viendra le Fracas,
le jour où l'homme fuira son frère,
sa mère, son père,
sa compagne et ses fils,
Ce jour-là,
A chaque homme suffira
ce qui le concerne[28].

Les hommes surgissent par groupes pour que leurs actions soient connues.

La terre brillera de la lumière de son Seigneur.
Le Livre sera posé en évidence.
Les Prophètes et les témoins viendront.
La sentence sera prononcée sur tous,
conformément à la Justice.
Personne ne sera lésé.
Chaque homme recevra le prix exact
de ce qu'il aura fait. Dieu
connait parfaitement leurs œuvres[29].

---

[28] *Ibid.,* **Coran** Tome II – 69-70, p. 575.
[29] *Ibid.,* **Coran** Tome II – 69-70, p. 575.

Chaque homme est jugé et le Jugement dernier est infiniment juste car *Dieu n'impose à chaque homme que ce qu'il peut porter*[30].

Celui qui aura fait le poids d'un atome de bien le verra ;
Celui qui aura fait le poids d'un atome de mal, le verra[31].

Aucune intercession n'est permise et il n'existe en dehors de Dieu ni maître, ni défenseur.

Nulle intercession ne sera utile devant Dieu
à part l'intercession pour la personne
en faveur de laquelle il l'aura permise[32].

Le paradis et l'enfer musulmans

La description du paradis et de l'enfer dans le Coran est assez sommaire, comparée à ce qu'elle devient quelques siècles plus tard.

[Le Paradis est très grand], *large comme le ciel et la terre*[33]. *Le(s) bienheureux jouira d'une vie agréable dans un Jardin situé très haut et dont les fruits seront à portée de la main*[34]. *Ils pénétreront dans les Jardins d'Eden où ils seront parés de bracelets en or et de perles ; et leurs vêtements seront en soie*[35], il habitera *dans des demeures agréables*[36]. *Des éphèbes*

[30] *Ibid.,* **Coran** Tomes I – II 286, p. 59.
[31] *Ibid.,* **Coran** Tome II – L XCIX 7-8, p. 764.
[32] *Ibid.,* **Coran** Tome II – XXXIV 23, p. 528.
[33] *Ibid.,* **Coran** Tome II – LVII 21, p. 676.
[34] *Ibid.,* **Coran** Tome II – LXIX 21-23, p. 714.
[35] *Ibid.,* **Coran** Tome II – XXXV, 33, p. 538.
[36] *Ibid.,* **Coran** Tome II – LXI, 12, p. 692.

immortels circuleront autour d'eux portant des cratères, des aiguières et des coupes remplies d'un breuvage limpide dont ils ne seront ni excédés, ni enivrés ; les fruits de leur choix et la chair des oiseaux qu'ils désireront. Il y aura là des Houris aux grands yeux semblables à la perle cachée en récompense de leurs œuvres. Ils n'entendront là ni parole futile, ni incitation au péché, mais une seule parole : Paix !... Paix...[37] *Ils se tiendront au milieu de jujubiers sans épines et d'acacias bien alignés. Ils jouiront de spacieux ombrages, d'une eau courante, de fruits abondants non cueillis à l'avance, ni interdits, ils se reposeront sur des lits élevés. C'est nous, en vérité, qui avons créé les Houris, de façon parfaite, Nous les avons faites vierges, aimantes et d'égale jeunesse pour les compagnons de la droite*[38]. *Telles sont les lois de Dieu ; celui qui obéit à Dieu et son prophète sera introduit dans des Jardins où coulent les ruisseaux ; ils y demeureront immortels ; voilà le bonheur sans limite*[39].

Le Coran donne une description simple et répétitive du paradis musulman : un espace très grand, situé dans le ciel, créé en même temps que la Terre, disposant de portes gardiennées sous l'autorité de Redwane*. C'est un jardin sublime où règne un climat tempéré, où coulent de nombreux ruisseaux d'eau pure, de vin, de lait et de miel clarifié, la nourriture y est abondante et les fruits à portée de main. Les bienheureux sont immortels, ils ne connaissent ni douleur, ni maladie. Ils habitent des demeures luxueuses et sont vêtus de satin, de soie et de brocarts, parés d'or et de perles. Ils sont installés

[37] *Ibid,* **Coran** Tome II – LVI, 17-26, p. 669.
[38] *Ibid,* **Coran** Tome II – LVI, 28-38, p. 669.
[39] *Ibid,* **Coran** Tomes I – IV, 13, p. 94.

sur des lits surélevés, se faisant face pour échanger des propos pacifiques car les boissons, servies par de jeunes échansons, ne provoquent ni ivresse, ni maux de tête. Ils ont pour épouses des houris purifiées et vierges, cloîtrées dans leurs demeures et exclusivement au service de leurs plaisirs. Ils sont placés près du Trône de Dieu à proximité du Jujubier de la limite[40] et peuvent contempler la Beauté Divine. Cette béatitude est, peut-être, leur plus grande récompense.

A contrario, les damnés sont punis :

Ce jour-là, des visages humbles, peinés et harassés, seront présentés à un Feu ardent[41] *; Ils y demeureront des siècles sans goûter ni fraîcheur, ni boisson - à part une eau bouillante et une boisson fétide - Ce sera une rétribution équitable*[42] *; Ni leurs richesses, ni leurs enfants ne leur serviront en quoi que ce soit contre Dieu, voilà les hôtes du Feu ; ils y demeureront immortels*[43] *; Des Anges gigantesques et puissants se tiendront autour de ce Feu ; ils ne désobéissent pas à l'Ordre de Dieu, ils font ce qui leur est commandé*[44] *; N'est-ce pas un meilleur lieu de séjour que l'arbre de Zaqqoum*[45] *? Nous l'avons placé comme une épreuve pour les injustes ; c'est un arbre qui sort du fond de la Fournaise ; ses fruits sont semblables à des têtes de démons. Les coupables en mangeront, ils s'en empliront le ventre ; puis ils boiront un mélange bouillant et ils retourneront*

---

[40] Le Jujubier de la limite est l'arbre extrême du paradis musulman, placé juste avant le Trône de Dieu.

[41] *Ibid,* **Coran** Tome II – LXXXVIII, 2-4, p. 752.

[42] *Ibid,* **Coran** Tome II – LXXVIII, 23- 26, p. 737.

[43] *Ibid,* **Coran** Tome II – LVIII, 17, p. 681.

[44] *Ibid,* **Coran** Tome II – LXVI, 6, p 704.

[45] L'arbre *Zaqqoum* est un arbre magique qui n'existe qu'en enfer, ses fruits sont particulièrement corrosifs.

ensuite dans la Fournaise.[46] *; Saisissez-le ! Qu'on lui mette un carcan ! Jetez-le dans la Fournaise et liez-le, ensuite, avec une chaîne de soixante-dix coudées*[47] *; Les rebelles, cependant, parviendront à un détestable lieu de retour : ils tomberont dans la Géhenne*[48]*. Quel détestable lit de repos*[49]*!*

Le Coran décrit ainsi l'enfer musulman : situé au fond de la Terre on y entre par sept portes, chacune destinée à une catégorie d'égaré. C'est une prison souterraine, hermétiquement fermée et fortement gardiennée, composée de catacombes de plus en plus profondes. Elle est remplie d'un feu rageur qui ronfle et rugit tel un volcan en éruption et enveloppe les égarés de toute part, brûle leur chair, arrache leurs membres et dévore leurs entrailles.

Les damnés sont ligotés par des chaines, enduits de goudron. Ils subissent le feu et l'eau bouillante dans une fumée fétide. Leur peau est régulièrement renouvelée pour que leur tourment soit d'autant plus pénible.

Assoiffés, ils veulent manger les fruits de l'arbre *Zaqqoum* mais ces derniers leur donnent encore plus soif et ils sont contraints de boire, comme des chameaux *altérés*[50], de l'eau bouillante. Les avares voient leur or et argent thésaurisés, fondus et en sont marqués sur leurs corps entiers. Les égarés réclament aux hôtes du paradis : *Répandez sur nous l'eau que Dieu vous a*

---

[46] *Ibid.,* **Coran** Tome II – XXXVII, 61-68, p. 551.
[47] *Ibid.,* **Coran** Tome II – LXIX, 30-32, p. 715.
[48] L'enfer.
[49] *Ibid.,* **Coran** Tome II – XXXVIII, 55-56, p. 563.
[50] *Ibid.,* **Coran** Tome II, 55, p.670.

attribué ! Mais ces derniers refusent car *Dieu l'a interdit*[51]. Dieu ne leur accorde ni sa miséricorde, ni sa vision. Dépités ils ne peuvent espérer rentrer au paradis *aussi longtemps qu'un chameau ne pénètrera dans le trou de l'aiguille*[52]. Les égarés restent éternellement dans ce lieu détestable, à moins que Dieu n'en décide autrement.

Les bienheureux et les égarés

Mais qui sont donc les bienheureux qui ont droit au paradis et les damnés qui sont condamnés à l'enfer ? La question n'est pas si simple. En effet, si Dieu déteste les associationistes (les païens qui vénèrent plusieurs dieux) et les hypocrites (ceux qui se prétendent musulmans alors qu'en réalité ils ne croient pas en Dieu) et qu'Il a scellé leur sort d'avance : la Géhenne, Il ne se prononce pas catégoriquement contre tous les autres, à qui Il pourrait accorder sa miséricorde.

La lecture du Coran dévoile plusieurs niveaux pour mériter le paradis. Le plus important est de croire en l'unicité de Dieu (*tawhid*) et en la prophétie, telle qu'elle a été révélée dans le Coran (*nubuwa*). La profession de foi de tout musulman est de déclarer : *J'affirme qu'il n'y a pas d'autre Dieu que Allah et que Muhammad est l'envoyé de Dieu*. Les shiites rajoutent : *Et que Ali est son vicaire*. Les non-musulmans monothéistes ont droit au paradis et y entrent derrière leur prophète.

Le Coran énumère de bonnes actions méritoires ou des

---

[51] *Ibid.,* **Coran** Tomes I – VII, 50, p. 186.
[52] *Ibid.,* **Coran** Tomes I – VII, 40, p. 185.

pratiques qui peuvent peser sur la balance le jour du Jugement dernier, comme de faire la prière (*salat*), l'aumône (*zakat*), le jeûne du mois de Ramadan (*sawm*) et le pèlerinage (*hajj*), d'aider les orphelins, de bien traiter son épouse et ses parents, d'être bienveillant envers les musulmans, de combattre les mécréants, de ne pas faire de faux témoignage… Au contraire, l'acte sexuel en dehors du mariage (*zinàa*), la consommation de vin et de viande de porc, l'usure, les jeux de hasard sont des pratiques illicites clairement interdites par l'islam. Toutes les actions et pratiques licites servent à renforcer la foi et aident le pêcheur repenti, qui peut s'en prévaloir, pour être pardonné s'il a commis des actes interdits. Qu'en est-il des peuples qui n'ont pas reçu de prophétie et qui ignorent l'existence de Dieu ? Le Coran ne dit mot à ce sujet. On peut toutefois penser qu'ils sont pardonnés car : *Nous n'imposerons à chaque homme que ce qu'il peut porter*[53].

Les musulmans s'interrogent

Le Coran est transmis à l'époque du prophète par voie orale. Les croyants apprennent les versets par cœur. Il est devenu nécessaire après la mort de Muhammad d'en établir une version définitive écrite, ce qui est accompli quelques décennies plus tard par Uthman Ibn Affan*, le troisième calife bien guidé. *La Vulgate de Uthman* est le Coran que nous connaissons aujourd'hui.

Le Coran, nous l'avons vu, est parole divine. Lorsqu'un croyant contemporain du prophète ne comprend pas

[53] *Ibid.*, **Coran** Tome II – XXIII, 62 p. 424.

parfaitement le sens d'un verset, il peut lui demander des explications. Celui-ci lui donne alors un éclaircissement, à moins qu'un nouveau verset ne vienne à son secours pour apporter une réponse. Certains versets sont même abrogés pour rectifier le sens de versets antécédents. À la mort du Prophète se pose la question délicate de savoir qui est habilité à interpréter la parole divine pour éclairer la foi des croyants sur les versets dont le sens est caché (*batin*), contrairement à ceux dont le sens est évident (*dhahir*). Sur ce point, comme nous allons le voir, les musulmans n'arrivent pas à se mettre d'accord. Des questions épineuses se posent assez vite, surtout au contact des peuples conquis aux religions anciennes, habitués à débattre sur les dogmes. Heureusement, nombreux sont ceux qui, acquis à l'art de la rhétorique, se sont convertis à l'islam par conviction ou par opportunisme pour voler au secours d'une religion jeune et conquérante mais menacée par de redoutables rhéteurs.

La question la plus difficile est celle du libre arbitre. Si Allah est Omniscient et que le sort de chaque croyant est prédestiné, comment Dieu peut-Il être juste et vouer quelqu'un à l'enfer alors que son sort est écrit d'avance ? Cette question du libre arbitre et de la prédestination divise les musulmans au Moyen Âge Central. Elle est au centre d'un débat qui oppose Traditionnistes d'une part et Mu'tazilistes d'autre part. Même ceux qui admettent que l'homme est doté de libre arbitre et n'a à répondre que de ses actions réalisées en toute volonté se pose la question, comme pour les chrétiens, de l'éternité de l'enfer. Comment expliquer, en effet, que l'enfer soit éternel pour tous les égarés, alors qu'ils n'ont pas commis des péchés de même gravité ? Cette question divise les écoles théologiques, au point que certains philosophes (*falasifa*) pensent que Dieu, dans sa miséricorde, finira par abolir l'enfer.

Le Coran incite *l'homme de science* à étudier le Coran pour en comprendre le sens, sans toutefois définir clairement ce qu'il entend par *science*. Les rationalistes l'interprètent comme l'utilisation de la raison pour découvrir les secrets de l'univers et de l'ordre que Dieu y a mis en partant du principe que cet ordre est parfait et ne peut s'opposer à la raison. Les traditionnistes entendent par *science* l'étude des hadiths du prophète et de ses compagnons pour affiner leur compréhension des versets coraniques et renforcer leur foi par la sagesse des anciens[54].

Si le Coran est disert sur les délices du paradis pour les hommes et leur commerce avec de nombreuses houris, qu'en est-il des femmes croyantes ? L'islam n'a-t-il pas interdit cette coutume barbare qui consiste à enterrer vivante la première fille née, n'a-t-il pas condamné les hommes qui témoignent à tort de la mauvaise vie d'une femme et ne les a-t-il pas voués à l'enfer, s'ils persistent ? Alors pourquoi le sort des femmes fidèles au paradis est-il si peu évoqué ? Et si ce Livre Saint appelle à traiter les esclaves avec humanité et considère un acte pieux de les libérer, pourquoi n'est-il pas allé jusqu'à demander leur libération aux croyants ? Pourtant Billal*, l'ancien esclave noir, n'est-il pas le premier à rentrer au paradis ? De la même façon, on ne comprend pas pourquoi le Prophète a violemment chassé les tribus juives de Médine qui ont refusé de rejoindre l'islam

[54] Le courant salafiste s'inscrit dans ce groupe. *Salaf* signifie « ancien » en arabe.

alors que le Coran permet la liberté de culte des monothéistes (juifs et chrétiens) qui seront admis au paradis :

Pas de contrainte en la religion !
La voie droite se distingue de l'erreur.
Celui qui ne croit pas aux Taghout[55]
et croit en Dieu
s'est saisi de l'anse la plus solide et sans fêlure.
Dieu est celui qui entend et qui sait tout[56].

Bien sûr, on peut considérer que ces questions ne se posent que pour un homme qui vit au XXIe siècle. Pourtant, les musulmans privés de leur Prophète essayent d'interpréter le Coran pour en comprendre le sens caché, ils façonnent des méthodes d'interprétation. Les traditionnistes sunnites, les shiites, les rationalistes et les soufis choisissent des voies différentes.

Les trois siècles qui séparent la fin de la prophétie de l'écriture de *L'Épître du Pardon* sont riches en schismes et en débats théologiques. Le pouvoir califal, tour à tour, appuie, tolère ou combat férocement certaines de ces écoles théologiques, mais ne réussit jamais à éradiquer le débat fécond qui en résulte, même si ce dernier reste circoncis dans les sphères savantes des docteurs de la Loi (*ulémas*). Pendant cette formidable période d'expansion territoriale, dans ce creuset où une multitude de peuples cohabitent, se développe un islam populaire friand de contes. L'imaginaire des sermonnaires[57],

[55] D'après l'imam Malek Ibn Anas*, le *taghout* signifie tout ce qui est adoré en dehors de Dieu.
[56] Ibid., **Coran** Tome I – II, 256, p. 51.
[57] Le sermonnaire musulman était soit le *quass* sunnite soit le *da'ii* shiite.

qui peuplent le soir les marchés, s'y envole, saisissant le thème de l'au-delà, le peuplant d'anges et de démons gigantesques, de pierres précieuses à profusion, exagérant le nombre de houris et vantant leurs extraordinaires prouesses sexuelles. Ils évoquent des tortures de l'enfer qui glacent d'effroi l'assistance subjuguée, ancrant encore davantage le mythe de l'au-delà dans l'inconscient collectif de la communauté musulmane.

Les sources théologiques

Dans *L'Épître du Pardon*, Ma'arrî mène une charge violente contre les exégètes musulmans, qui essaient par divers moyens d'interpréter le sens caché du Coran. Pour eux, Dieu s'adresse à la masse des hommes en utilisant, dessein, de nombreuses paraboles pour leur rendre le texte plus accessible et obtenir plus facilement leur consentement et leur soumission, tout en sachant que la science divine n'est pas à la portée de tous. Selon eux, seule une infime minorité de sages, d'hommes pieux au comportement exemplaire, peut percer les mystères divins par un effort d'*ijtihad*[58] et conduire les croyants dans la bonne voie.

Durant le siècle de Ma'arrî, les courants de l'islam se multiplient à l'extrême[59]. Chacun développe sa propre méthode d'exégèse, si bien qu'on arrive à des interprétations différentes voire contradictoires. Cette diversité n'épargne pas la vision qu'ils ont de l'enfer et du paradis. Ma'arrî va s'amuser, en citant le Coran et puisant chez les exégètes, pour inventer sa propre vision de l'au-delà. Les principaux courants de l'islam, aux IXe et Xe siècles, sont décrits ici en mettant en avant leurs croyances, leurs méthodes d'exégèse et leur vision de l'au-delà pour voir en quoi cela donne à Ma'arrî des raisons de les critiquer.

Les Sunnites traditionnistes représentent l'écrasante majorité

[58] L'*ijtihad* est l'effort d'interprétation du Coran, qu'il ne faut pas confondre avec le *jihad* : la guerre sainte.

[59] Aux IXe et Xe siècles, selon Henri Laoust*, on décèle une centaine de courants religieux en islam (voir Henri Laoust, Les schismes dans l'islam, Paris, Payot, 1983).

des musulmans. Le calife abbasside est leur *Commandeur des croyants*[60]. Partout dans l'Empire, les imams le célèbrent et lui font allégeance[61] pendant la prière du vendredi. Leurs docteurs de la Loi sont soucieux de garder à tout prix l'unité de l'islam et de préserver l'obéissance du peuple au calife. Dans un monde où les schismes se multiplient, ils appellent la communauté (*umma*) à ne pas briser l'œuf de l'islam (*baydhat al-islam*) et n'hésitent pas à appeler à obéir au calife, garant de cette unité, quelle que soit la manière dont il est arrivé au pouvoir : élu par un pacte d'allégeance, désigné par son prédécesseur, ou même par la violence. Les Traditionnistes croient en un Coran incréé, parole divine, texte vivant de toute éternité, hors de doute, dont l'inimitabilité du langage atteste son caractère miraculeux. Pour eux, le Coran est source de toute science. Pour l'interpréter, ils s'appuient sur les dires du Prophète (*hadiths*), ses faits et gestes (*sira*) dont la véracité est attestée par des chaînes de transmission rigoureusement vérifiées et classées selon leur degré d'authenticité et le consensus (*ijmâ'*) de l'élite savante de la théologie. Ils appellent donc les croyants à se conformer aux interprétations des quatre écoles théologiques[62] qu'ils reconnaissent. Cette démarche forge leur vision littérale de l'au-delà. Ils croient en la matérialité de la résurrection, des délices et des tourments de l'éternité telle qu'énoncée dans le Coran. Ils vont même, sur la base de certains hadiths, en donner une vision très détaillée, décrivant les anges, les pierres précieuses qui ornent le paradis, les prouesses sexuelles et le

[60] *Amin al Mu'minin.*

[61] Hormis les sunnites omeyades du califat de Cordoue qui refusent leur allégeance au calife abbasside.

[62] Hanafisme (Abu Hanifa*), malikisme (Malek Ibn Anas), chafi'isme (L'imam al-Chafi'i*) et hanbalisme (Ibn Hanbal*).

nombre de houris auxquelles auront droit les bienheureux[63]. Leurs travaux inspirent les sermonnaires, qui répandent cette vision à la masse illettrée des croyants en les exagérant encore davantage dans le sens matériel. Ma'arrî les accuse d'hypocrisie car leur proximité avec le pouvoir sert à assouvir leur cupidité. Il leur reproche d'entretenir l'ignorance des fidèles au lieu de les instruire et sont, selon lui, les principaux responsables de la corruption des mœurs.

Les Mu'tazilites sont les premiers rationalistes de l'Islam. Ils inventent la théologie spéculative (*kalâm*) en s'inspirant de la logique d'Aristote*. Le mouvement, fondé à Basra au VIIIe siècle par Wãsil Ibn Ata*, se considère comme la voie de l'unicité et de la justice (*al-tawhîd wa l-'adl*). Leur croyance absolue en l'unicité de Dieu leur interdit, contrairement aux traditionnistes, de donner des attributs à Dieu (même ceux cités dans le Coran) car il est impossible de représenter le Seigneur, même par analogie, sous peine d'anthropomorphisme. Leur deuxième principe est la justice de Dieu. Reprenant un débat qui eut lieu avant eux entre les défenseurs du libre arbitre (*Qadariyya*) et les défenseurs de la prédestination absolue (*Jabriyya*), les Mu'tazililites croient fermement au libre arbitre. Si Dieu fixait d'avance la prédestinée de chaque homme, le vouer à l'enfer serait injuste ; or Dieu, dans sa perfection, ne peut être injuste. Ils pensent que le déterminisme physique a été dicté au monde lors de sa création et que Dieu y a instauré le meilleur ordre possible car sa création est parfaite. Ce déterminisme est immuable, comme Dieu. De ce fait, la même cause produit toujours le même effet. Les

[63] Tous ces détails n'existent pas dans le Coran.

Mu'tazililites croient donc en la pensée scientifique, telle que nous la concevons aujourd'hui, et rejettent par conséquent les miracles. Contrairement aux traditionnistes, en cas de contradiction apparente entre la loi naturelle et la révélation, les Mu'tazilites pensent qu'il faut interpréter la révélation à la lumière de la raison. Ils défendent la thèse du Coran créé en ce sens que *Dieu révèle des vérités qu'Il connait de toute éternité, mais ces vérités sont exprimées en une langue contingente. Dieu d'après eux n'a pas parlé en arabe, mais la révélation a été exprimée en arabe par le Prophète*[64]. Si le contenu du Coran est d'inspiration divine, la langue qui l'exprime est une production humaine qui peut être dépassée en perfection[65]. Ce point de vue est en opposition totale avec le dogme traditionniste. Les Mu'tazilites ne croient ni en la vision béatifique de Dieu au paradis ni en l'intercession ni à la création du paradis au moment de la création de l'univers. Ils croient en l'immortalité de l'âme qui sera revêtue d'un corps purifié pour les élus et d'un corps destiné à souffrir pour les damnés lors de la résurrection. Comme les chrétiens, avant eux, les Mu'tazilites abordent d'autres questions délicates telles que le sort des nouveau-nés et des peuples qui n'ont pas connu de révélation. Thumāmā b. Ashras* tente d'y répondre : *Ceux qui meurent en bas âge et ceux qui meurent sans avoir connu Dieu seront réduits en poussière ; car ils n'ont fait aucun acte de soumission pour mériter une récompense, ni aucune révolte pour mériter un châtiment ; ils n'auront aucune part dans le bonheur ni dans la souffrance*[66].

[64] Albert Nader, *Le système philosophique des Mu'tazilas,* (**MZ**), Beirut Dar el-Machreq,, 1984, p. 105.
[65] Ibid., **Coran** p. 105.
[66] **MZ**, *op. cit.*, cité par al-Baghdâdi, p. 288.

Le mu'tazilisme est devenu religion d'État sous trois califes abbassides : al-Mam'un*, al-Mu'tassim* et al-Wãthîq*. Durant cette période, ils exercent une inquisition contre les autres ordres religieux musulmans (la *Mihna*). Ibn Hanbal*, en traditionniste très suivi par le peuple de Bagdad, s'est violemment opposé au pouvoir des mu'tazilites. Il est poursuivi, flagellé et mis en prison en 833 par al-Mu'tassim, mais sa détermination force l'admiration du calife, qui renonce à l'exécuter. Après son éjection du pouvoir par le calife Abbasside Al-Mutawakil*, le mu'tazilisme perd de son rayonnement.

Ma'arrî reproche aux Mu'tazilites leur supercherie intellectuelle, leur usage de la raison pour expliquer la volonté de Dieu, un domaine qu'elle ne peut appréhender.

La Falsafa (philosophie musulmane) est une discipline inaugurée par al-Farabi* au IXe siècle et enrichie par Ibn Sina* (Avicenne) au Xe siècle et Ibn Rushd* (Averroès), après la mort de Ma'arrî, au XIIe siècle. Cette discipline a pu éclore grâce à l'énorme effort de traduction des œuvres grecques qui a culminé sous le calife abbasside al-Ma'mun. En effet les philosophes musulmans sont des rationalistes qui ont enrichi la pensée mu'tazilite par la maîtrise de l'art de la démonstration (héritée de Platon* et d'Aristote). Les philosophes musulmans pensent que seuls les maîtres qui usent à la perfection de l'art de la démonstration peuvent exercer l'*ijtihad*, car :

Il n'est pas au pouvoir de l'homme de refuser son consentement à une preuve établie dans son esprit. L'assentiment à la conclusion d'une démonstration est un acte contraint et non libre, car une démonstration non contraignante ne serait pas une démonstration. Or le libre arbitre est une des conditions de la responsabilité légale[67].

Le talon d'Achille de la philosophie musulmane réside dans son postulat selon lequel aucune démonstration humaine ne peut aboutir à une conclusion contraire à la révélation, car la vérité (telle qu'énoncée dans le Livre Saint) ne peut s'opposer à la vérité (telle qu'établie par une démonstration). La philosophie islamique a pour but d'éclairer la révélation par la raison. Elle est, selon eux, *sa compagne et sa sœur de lait*[68]. Les musulmans traditionnistes s'insurgent contre la *Falsafa.* Ils pensent que l'invasion des sciences étrangères (*'ulum al 'ajm*) dans la théologie est une innovation illicite (*bid'à*) car n'ayant aucun fondement dans le Coran. Ghazali*, un de leur chef de file, écrit un réquisitoire contre eux : *L'Incohérence des philosophes*[69], auquel Averroès répondra[70] un siècle plus tard. Les philosophes musulmans pensent que le croyant doit préparer ici-bas son âme pour mériter la béatitude du monde futur. Ils n'accordent pas beaucoup d'importance aux délices et aux tourments de l'au-delà.

Cette philosophie est restée une discipline cantonnée à une élite qui perdra de son aura lorsque la porte de l'interprétation personnelle du Coran sera déclarée close par un édit du Calife al-Qadîr* en 1018. Le désastre sera total : une grande partie de leurs écrits seront perdus lors de la prise de Bagdad par

[67] Averroès – Discours décisif, Flammarion 1996, p. 137.
[68] Averroès-Discours décisif, Flammarion 1966, p. 171
[69] Ibn Rushd, Tahafut al-falasifa, Beyrouth, Dar al-Kotob al-ilmyah, 2003.
[70] Al Ghazali, Tahafut at-tahafut, Dar al-Kotob al-ilmyah, Beyrouth, 2003.

Hulagu* en 1258. Ma'arrî critique les philosophes musulmans pour les mêmes raisons que les Mu'tazilites.

Le Soufisme (*tassawuf*) est un courant apparu dès la naissance de l'islam[71] et qui continue de cheminer, sous diverses formes, jusqu'à nos jours. Il embrasse aussi bien le courant sunnite que shiite. Le soufi cherche à atteindre l'union avec Dieu (*fanã*) par une ascèse rigoureuse (*zuhd*), de longues périodes de jeûne (*sawm*) et de récitation répétitive de noms de Dieu (*dhikr*). Les grands soufis se décrivent comme des individus en lutte permanente contre leur égo :

En outre, nous avons beaucoup d'idoles en nous-mêmes tels : la cupidité, le désir, la haine, la jalousie ; et nous leur obéissons. Nous faisons de même, extérieurement et intérieurement, et nous nous considérons musulmans[72].

Ta propre âme est ce qui te voile la création
et cette dernière te voile le Créateur[73].

Mon Seigneur, c'est en Toi que je me réfugie contre tout ce qui pourrait me distraire de Toi et viendrait à s'interposer entre nous[74].

Pour le soufi, la peur de l'enfer est nécessaire pour atteindre le repentir (*tawba*), mais seul compte celui accordé par le Tout-Puissant. Le soufi est en proie à un feu intérieur pour

---

[71] Abd Arahmane Ibn Awf, est un compagnon du Prophète connu pour son ascétisme.

[72] Ibn al-Rûmi*, Le Livre du Dedans, Arles, Actes Sud, 2010, p. 108.

[73] Abd al-Qadir al-Jilâni* est un prédicateur hanbalite et un soufi, fondateur de la confrérie Qadiriyya.

[74] Rabi'a al-Adawiyya*, citée dans Salah Stétié, Râbi'a de feu et de larmes, Paris, Albin Michel, 2015.

consumer son égo (à l'instar du purgatoire chrétien). Mais une fois atteinte la station ultime, il ne craint plus les tourments de l'enfer et ne recherche pas les délices du paradis, car rien d'autre ne le comble plus que la vision de la Face de Dieu.

Ne voyez-vous pas, que s'Il n'avait créé ni le paradis ni l'enfer,
Il serait tout autant digne d'adoration[75].

Ma'arrî raille les soufis qui prétendent *voler et marcher sur les eaux*[76], il les accuse de recourir à des mises en scène (tels que la danse ou la marche sur des braises). Ils lui apparaissent comme les ennemis de la lucidité.

Les Shiites pensent que Ali b. Abi Talib* a été clairement désigné par le Prophète comme son successeur légitime et reconnu par lui comme une figure de la plus haute importance sur le plan spirituel. Ses descendants directs (imams) sont une sorte de manifestation de Dieu sur Terre, investis de la mission de guider les musulmans car ils seraient les seuls à pouvoir interpréter le sens caché du Coran. Ce pouvoir théophanique de Ali (et par la suite des imams) est clairement déclaré lors de son prône de la déclaration[77] :

Je suis le Secret des secrets... Je suis la Face de Dieu ; je suis l'Œil de Dieu ; je suis la Main de Dieu ; je suis la Langue de Dieu... Je suis les-Plus-Beaux-Noms par lesquels

---

75 Jean Annestay, Une femme soufie en islam, Rabi'a al-adawiyya, Paris, Entrelacs, 2009, p. 133.
76 **LZ**, *op. cit.*, Tome 2, p. 577.
77 Le texte du « Prône de la Claire Déclaration » (*khuṭbat al-bayān*) est cité par M. A. Amir-Moezzi dans « Aspects de l'imamologie duodécimaine I : remarques sur la divinité de l'Imam », Studia Iranica, XXV (2), 1996, p. 210-214.

on invoque Dieu... Je suis le seigneur de la prééternité primordiale... Je suis le maître de l'herméneutique [du Coran] ; je suis le commentateur de l'Évangile ; je suis le savant de la Torah... Je suis Le Premier (al-awwal) ; *je suis Le Dernier* (al-ākhir) *; je suis Le Manifeste* (al-ẓāhir) ; *je suis Le Caché* (al-bātin)... *Je suis Le Créateur* (al-khāliq) ; *je suis le Créé ; je suis Celui qui donne* (al-muʿṭī) ; *je suis Celui qui prend* (al-qābid)... *Je suis Le Compatissant* (al-rahmān) ; *je suis Le Miséricordieux* (al-rahīm)... *Je suis le Lion [du clan] des Banū Ghālib ; je suis ʿAlī b. Abī Rālib.*

Les premiers Shiites pensent même que la *Vulgate de Uthman* (656) est sciemment amputée de toute mention du rôle éminent de Ali. Pour eux, la sourate (33-71) du Coran doit se lire comme suit :

Quiconque obéit à Dieu et à son Prophète pour ce qui est du saint pouvoir d'Ali et celui des Imâms après lui, celui-là jouit d'un bonheur grandiose[78].

Les Shiites sont persécutés par le pouvoir sunnite. Hassan*, le fils aine de Ali, est écarté du pouvoir par Mu'awiyya*, le premier calife omeyyade. Le fils benjamin de Ali, Hussein*, est tué à Karbala par Yazid I*. Leurs descendants mâles sont emprisonnés, déportés ou empoisonnés. À la disparition de al-Mahdi* (939), la lignée est interrompue. Les Shiites pensent qu'al-Mahdi est toujours vivant, en occultation, et qu'il reviendra pour guider les musulmans et ramener la paix sur Terre. Ils se divisent en trois branches principales :

[78] Cette version shiite du Coran 33 (al-Aḥzāb) / 71 est citée par Mohammad Ali Amir Moezzi dans Revue des sciences philosophiques et théologiques 2014/4, Tome 98, p. 669-704.

les Imamites, majoritaires qui croient aux douze imams[79], les Zaydites, présents au Yémen, qui croient à l'enseignement de Zayd b. Ali*, petit-fils de Hussein, et les Ismaélites qui croient que la chaîne des imams aurait dû être transféré à Ismâ'il* (fils de Jaafar*) et non à son frère Musa*.

Les Ismaélites dominent le paysage politique à l'époque de Ma'arrî. Ils fondent, en Afrique du Nord puis en Égypte, l'Empire fatimide. Leurs imams prônent un strict équilibre entre la pratique cultuelle (*al-ibâda al 'amaliya*) et la connaissance du sens *caché* du Coran (*al-ibâda al 'ilmiya*). Ils envoient,de nombreux sermonnaires (*du'ât*) en territoire abbasside pour diffuser leur gnose. En Syrie du Nord, les Hamdanides, puis les Mirdassides, forment une communauté ismaélienne indépendante. Après la mort de Ma'arrî et la chute de l'Empire fatimide (1171), une autre secte, issue des Ismaéliens, fait beaucoup parler d'elle : les *Hashashins* (ayant donné le nom d'assassins en Occident). Décrits par Marco Polo*, ils mènent des actions terroristes spectaculaires contre les Seldjoukides et les croisés. À l'époque de Ma'arrî, la dynastie Bouyide venue de Perse et issue du shiisme duodécimain, prend la tutelle de l'Empire abbasside. Les Nusayrî's, de même obédience, s'installent en Syrie du Nord. Les Qarmates, issus de l'ismaélisme, sont pourtant les ennemis des Fatimides, qui rejettent leur prétention à l'imamat. Établis à Bahreïn, ils entreprennent un assaut spectaculaire de la Mecque où ils pillent, brûlent et volent la pierre noire de la Ka'baà. Les Qarmates développent un messianisme

[79] Ali (1) Hassan (2) Husayn (3) Ali Ibn-Hussayn (4) Muhammad al-Baqir (5) Ja'afar (6) Musa Ibn Ja'afar (7) Ali Ibn Musa (8) Muhammad Ibn Ali (9) Ali Ibn Muhammad (10) Hassan Ibn Ali (11) Muhammad Ibn Hassan (12) dit al-Mahdi

insurrectionnel et commettent plusieurs actions terroristes. Leur imam, contrairement aux Fatimides, prône la primauté de la gnose ésotérique et rend licites plusieurs interdits telle que la consommation de viande de porc[80].

Les Shiites, bien qu'ils développent leurs propres *hadiths,* ne sont pas toujours indifférents aux arguments du *kalâm,* du mu'tazilisme ou du soufisme. Leur vision de l'au-delà, comme pour les Sunnites, est multiple. Le courant shiite, né de la frustration que le pouvoir califal leur est usurpé, sont traqués et persécutés. Ils se réfugient en Perse, où la culture mazdéenne est encore vivace. Du mazdéisme zoroastrien, ils reprennent plusieurs concepts dont celui de la lutte entre le bien (personnifié par Ali) et le mal (personnifié par Abu Bakr* et Umar* qui ont, selon eux, usurpé le pouvoir) ainsi que celui du sauveur (al-Mahdi) qui viendra à la fin des temps rétablir la paix dans le monde. Ma'arrî, bien qu'il ait côtoyé les *Frères de la Pureté** et entretenu des nombreuses correspondances avec des missionnaires ismaéliens, s'éloigne des shiites car la doctrine d'un imam infaillible le révulse.

Diversité et contradictions

Les exégètes musulmans sont divisés. Les traditionnistes croient en un Coran incréé qu'il faut interpréter avec prudence, en utilisant le support des hadiths et statuer à l'unanimité de leurs ulémas ; les Mu'tazilites et les Falasifa pensent que

[80] Beaucoup d'écrits ismaélites de l'époque ont été détruits. La consommation de viande de porc par les qarmates pourrait venir de l'abondante propagande sunnite pour les discréditer.

le Coran doit être interprété par la raison. Les Shiites se réfèrent à l'interprétation de leur imam, tandis que les soufis y parviennent par leur quête d'union avec le Seigneur. Il en ressort des visions de l'au-delà complètement différentes. Les Traditionnistes croient en la matérialité des délices et des tourments, les Rationalistes en minimisent la portée sans toutefois croire en la béatitude. Les Soufis ne retiennent que celle-ci comme source de bonheur dans l'au-delà. Tous ces croyants ne sont pas d'accord non plus sur la création du paradis. Si les Traditionnistes pensent que ce dernier est créé en même temps que la Terre, les Mu'tazilites pensent qu'il le sera lors du Jugement dernier. Certains philosophes, poussent même à croire que Dieu, dans sa miséricorde, finira par abolir l'enfer. Il en va de même des bienheureux et des égarés. Les philosophes pensent que la croyance sincère en l'unicité de Dieu et son message prophétique sont suffisants pour mériter le paradis, alors que les Traditionnistes insistent sur les pratiques cultuelles nécessaires pour y accéder (jeûne, prière, pèlerinage, aumône).

La masse des musulmans, superstitieuse selon Ma'arrî, croit aux contes colorés et limpides du *Mi'râj*[81], colportés par une multitude de sermonnaires. En pleine recrudescence de l'inquisition, Ma'arrî dit que *toute religion a ses hérétiques*[82]. Presque sept siècles après, Bossuet* reprendra presque les mêmes mots[83]. Pourtant, avec audace et en puisant dans toute cette effervescence les idées les plus conformes à sa vision, il

[81] Ce sont les contes de la montée au ciel (*Mir'âj*) de Muhammad et de sa visite de l'enfer et du paradis.
[82] Cité par Étiemble. Ibid. EP, p.10
[83] Histoire des variations des églises protestantes, Bossuet.

va écrire *L'Épître du Pardon*, un livre qui ne ressemble à nul autre dans la littérature arabe.

Les sources populaires

Ma'arrî ne cesse de dénoncer la superstition des masses populaires incultes ; or, leurs connaissances de l'au-delà viennent essentiellement des prêches des sermonnaires. Ces derniers prennent comme point de départ deux versets plutôt laconiques du Coran. Le premier fait allusion à un voyage nocturne du Prophète, tandis que le second évoque une séquence pendant laquelle Muhammad se trouve face à son Seigneur :

Gloire à celui qui a fait voyager de nuit son serviteur
de la Mosquée sacrée à la Mosquée très éloignée
dont nous avons béni l'enceinte,
et ceci pour lui montrer certains de nos Signes[84].

C'est seulement une Révélation qui lui a été inspirée.
Le Puissant, le Fort la lui a fait connaître.
Celui qui possède la force
s'est tenu en majesté,
alors qu'il se trouvait à l'horizon suprême ;
puis il s'approcha et il demeura suspendu.
Il était à une distance de deux portées d'arc
- ou moins encore -
et il révéla à son serviteur ce qu'il lui révéla.
Le cœur n'a pas inventé ce qu'il a vu.
Allez-vous donc élever des doutes sur ce qu'il voit ?
Il l'a vu, en vérité, une autre fois
à côté du jujubier de la limite

[84] **Coran**, *op. cit.*, Tome I, XVII, 1, p. 340.

auprès duquel se trouve le jardin de la Demeure ;

au moment où le jujubier était enveloppé

par ce qui le couvrait.

Son regard ne dévia pas

et ne fût pas abusé.

Il a vu les plus grands Signes de son Seigneurx[85].

Ces deux versets donnent lieu à des récits très détaillés de l'enfer et du paradis, sur la base de hadiths collectés plus d'un siècle plus tard. Le peuple musulman du Moyen Âge est majoritairement analphabète. Il n'a qu'un accès très limité aux débats des exégètes. Son islam est nourri par les sermonnaires, chargés de répandre la foi par la voie orale. Ces prédicateurs sunnites ou shiites prêchent dans les petites mosquées, sur les routes et les places publiques. Leurs récits apocalyptiques colorés et exagérés enflamment, réjouissent et terrifient les foules, attentives et nombreuses, venues les écouter. Les Ulémas - savants musulmans - encadrent étroitement leurs récits, n'hésitant pas à les condamner s'ils s'écartent trop des hadiths. S'ils n'éprouvent pour eux que du mépris, ils reconnaissent, en privé, leur efficacité à répandre la foi musulmane.

Il existe plusieurs hadiths et récits qui relatent ce voyage nocturne. Jamel Eddine Bencheikh* les a rassemblés dans un livre[86] que nous résumons ici. La traduction latine de ce récit[87] aurait, selon Miguel Asìn Palacios, inspiré *La Divine Comédie* de Dante.

[85] **Coran** Ibid., Tomes II – LIII, 4-18, p. 655.
[86] Jamel-Eddine Bencheikh, Le voyage Nocturne de Mahomet **(VNM)**, Imp. Nationale, 2002
[87] *Liber scalae* est la traduction de ces récits en latin par Bonaventure de Sienne.

Alors qu'il dort, le Prophète Muhammad est réveillé par l'ange Gabriel qui lui demande de mettre ses plus beaux habits et de se préparer à un long voyage. En sortant de chez lui, il découvre un cheval ailé au visage humain : le *Bouraq*[88]. Le Prophète l'enfourche et s'élance dans le ciel pour atteindre très vite l'esplanade du Dôme à Jérusalem, où l'attendent Adam, Noé, Abraham, Moïse, David, Salomon et Jésus. Après de chaleureuses salutations, il conduit une prière en leur présence. Guidé par l'ange Gabriel et entouré de milliers d'anges, il emprunte ensuite une magnifique échelle qui le conduit à travers les sept cieux. Les merveilles qu'il y voit, les rencontres qu'il y fait sont absolument éblouissantes. Il y apprend comment *'Azrâ'il*, l'ange de la mort, extrait l'âme du mourant pour la préparer au Jugement dernier. Le gardien de l'enfer l'informe comment Dieu a créé la Géhenne et pourquoi ses anges *ne savent faire autre chose que tourmenter cruellement les pécheurs et les maltraiter*[89]. L'archange Ismâ'îl conduit une armée d'anges, qui ont visage humain, corps de vache et des ailes d'aigle. Sa mission consiste à noter chaque acte de désobéissance et de repentir pour chaque être humain. Au deuxième ciel, il rencontre les anges chargés d'accueillir les martyrs de la foi, puis au sixième ciel, les redoutables anges à tête de cheval, armés de lances terrifiantes et toujours en ordre de bataille. Ces derniers ont pour mission d'aider les créatures que le Seigneur veut secourir. On pense, bien sûr, à l'intervention de ces anges pendant la bataille de Badr[90] pour

[88] Le *Bouraq* est une créature mythique qui a un visage humain et un corps d'équidé ailé. Il n'est pas décrit dans le Coran.

[89] **VNM**, *op. cit.*, p. 36.

[90] La Bataille de Badr oppose la tribu de *Quraich* aux partisans du prophète en 629. Les musulmans emportent le combat malgré leur infériorité numérique. Ils y voient une intervention divine.

donner la victoire aux musulmans. Au septième ciel, Adam, le père de l'humanité, adossé sur une chaise de lumière au pied d'un temple[91], lui apprend qu'il sera le premier avec son peuple à rentrer au paradis. Pendant ce temps, les anges procèdent à des ambulations circulatoires autour du temple, à l'image des pèlerins qui tournent autour de la Ka'baà. Muhammad arrive au pied du jujubier extrême que nul être ne peut franchir. C'est au pied de cet arbre que jaillissent quatre sources, la première d'eau limpide, la seconde de lait au goût inaltérable, la troisième de vin suave et la quatrième de miel délicieux. Muhammad se baigne alors dans le fleuve de la Miséricorde et Dieu lui pardonne tous ses péchés, passés et à venir.

La visite des sept cieux, telle que rapportée par les sermonnaires, a bien sûr reçu l'accord des ulémas. Si ces contes magnifient et exagèrent le texte coranique voire inventent de nombreux détails qui n'y existent pas[92], ils ancrent dans l'esprit du peuple, de façon ludique, tous les dogmes de l'islam. D'abord, le dogme selon lequel Muhammad est le sceau des prophètes et l'islam la meilleure religion monothéiste qui soit. N'est-il pas accueilli chaleureusement par tous les prophètes qui l'ont précédé et qui acceptent de prier sous sa direction ? N'est-il pas honoré par tous les anges ? Le récit montre un univers si beau et si immense qu'il donne envie à l'auditoire de rejoindre un au-delà bien plus souhaitable que ce monde terrestre où misère et souffrance ne laissent que peu de place à des plaisirs bien éphémères. Surtout il instaure la terreur : comment échapper

[91] *Bayt al-ma'moûr* ou la maison peuplée d'anges, qui se trouve au septième ciel, près du trône du Seigneur.

[92] Les anges ne sont pas décrits dans le Coran, Le *Bouraq* n'y est même pas mentionné.

à ces armées d'anges si grands, si terrifiants, si respectueux des ordres divins qui notent chaque acte de désobéissance, chaque repentir et qui n'ont aucun état d'âme pour faire subir aux égarés les pires sévices.

Puis Muhammad arrive au ciel ultime où tout est de topaze, la plus belle chose que les mortels puissent voir. Plusieurs courtines circulaires faites de perles, de rubis, d'émeraudes, d'eau, de neige, de brume et de ténèbres s'étendent à l'infini autour du Trône de Dieu. Une infinité de chérubins louent Dieu, sans jamais s'adresser la parole, de peur d'être distraits. Alors Gabriel quitte Muhammad qui est saisi de terreur. Heureusement, deux anges gardiens le prennent alors par la main et le transportent au travers de mers de lumière jaune, puis de ténèbres jusqu'à atteindre un rivage où l'accueille l'archange Mikâ'il qui lui explique le rôle des archanges. Il est ensuite conduit à travers d'autres courtines faites de fumée, d'obscurité, de lumière, de pouvoir, de gloire, de perfection et de force jusqu'à être au pied du Trône de Dieu.La voix du Seigneur résonne : *Que soient écartés les rideaux qui me séparent de Mon ami Muhammad, que la prière et le salut soient sur lui*[93]. Muhammad est pétrifié de peur. Alors qu'il se trouve à proximité de Dieu, il se couvre le visage pour ne plus avoir à le voir qu'avec les yeux du cœur. Suit alors un dialogue étonnant entre le Seigneur et son Prophète, dans lequel tous les mystères de l'au-delà sont explicités : le rôle de chaque prophète, le Jugement dernier, le repentir, la primauté de l'islam. Le Tout-Puissant pose une main de puissance et de volonté sur les épaules de Muhammad. Ce dernier sent disparaitre tout

[93] **VNM**, *op. cit.*, p. 62.

ce qui est en lui pour laisser place à la connaissance première et ultime. Dieu promet alors de lui accorder la victoire sur les infidèles, d'accepter la repentance de quiconque croit en son message même si celle-ci intervient une heure avant la mort. En contrepartie, il impose aux musulmans de faire cinquante prières par jour et soixante-dix jours de jeûne par an. Muhammad obéit, et Dieu l'autorise à redescendre. Lorsqu'il retrouve Moïse, celui-ci lui demande de retourner vers le Seigneur pour qu'il allège ces prescriptions. Muhammad, hésitant, finit par revenir vers Dieu pour lui demander cette faveur et c'est ainsi que le rituel musulman est réduit à cinq prières par jour et au jeûne du Ramadan.

Muhammad retrouve l'ange Gabriel qui le conduit au paradis. Ils traversent des mers, alimentées par quatre grands fleuves, peuplées d'innombrables anges et faites d'eaux limpides, de ténèbres, de glace et de feu. Il aperçoit un coq si grand que sa crête atteint le pied du Trône de Dieu tandis que ses propres pattes se trouvent au septième ciel. Ses ailes sont toutes de topaze, de perles et de rubis, et son duvet d'un vert éclatant. Cet ange-coq commande tous les coqs de la Terre qui, à son signal, annoncent par leur chant la prière du matin. L'ange Gabriel et Muhammad poursuivent leur chemin et rencontrent un autre ange au corps à mi-glace, mi-feu, chargé de départager les cieux de la terre. Se dresse alors l'enceinte du paradis. Gabriel informe Muhammad que derrière ce mur infranchissable se trouvent plusieurs paradis dont les délices sont répartis selon les mérites des bienheureux.

Une fois au paradis, Muhammad est ébloui par des fleuves, des fontaines, des jardins, des maisons d'une grande noblesse et les dames les plus belles, les plus élégantes qu'un homme puisse imaginer : *Nous sommes les vierges éternelles, les satisfaites promises aux hommes qui servent Dieu, qui nous appartiennent et à qui nous appartenons*[94]. Elles ne lèvent les yeux que sur leurs maris. Ils atteignent alors des sources d'une eau qui lorsqu'on la boit, extirpe du cœur toute perfidie et haine et lorsqu'on s'y baigne, éclaircit le teint pour prendre l'éclat du paradis. Gabriel lui apprend qu'au plus bas degré du paradis, Dieu donne à chaque élu quatre mille vierges en mariage et huit mille autres qui ne sont pas vierges pour le servir. La nourriture et les boissons sont abondantes et les anges lui apportent chaque jour cent tissus d'or pour se vêtir. Plus Muhammad et Gabriel avancent dans les divers paradis, plus les habitations deviennent luxueuses. Faites de perles et de pierres précieuses, ornées des plus beaux tapis et baignées d'une lumière éclatante, elles abritent des demoiselles encore plus ardentes.

Lorsqu'ils arrivent devant l'arbre de la félicité, ils admirent son tronc si gros qu'un cheval au galop mettrait cent ans pour en faire le tour. La terre où il est planté est faite de musc et d'ambre. Son tronc est de rubis, ses branches d'émeraude et ses feuilles de velours ressemblent à des oreilles d'éléphants. Au pied de cet arbre jaillissent les sources des rivières de vin qui coulent au paradis. Ils sont accueillis par une compagnie d'anges montés sur des chameaux façonnés dans l'hyacinthe et Gabriel lui apprend que ce cortège emmène les bienheureux, le cœur empli de joie, au voisinage de Dieu. Lorsqu'ils se présentent

[94] **VNM**, p. 94-95.

devant leur Seigneur, sa noble face leur est découverte et leur apparait dans toute sa magnificence. Ils continuent leur tour du paradis. Muhammad s'extasie devant tant de beauté, de paix avant de prendre congé de Redwane. Gabriel l'invite alors à visiter l'enfer.

Ils descendent sous la terre et voient un ange chevauchant un énorme taureau : il repose sur un rocher soutenu par un poisson gigantesque. C'est le Léviathan, qui scelle les sept terres de l'enfer :

À l'entrée de l'enfer, Dieu a placé un vent stérile. Ce vent détruit le jour du Jugement montagnes, villes, châteaux. Il écorchera les pêcheurs avant que le feu ne les brûle ainsi sont-ils tourmentés plus cruellement[95].

Muhammad et Gabriel franchissent l'enfer dont les portes *dégagent une telle chaleur qu'elle ferait jaillir par les narines la cervelle d'un homme placé à l'autre bout du monde*[96].

L'enfer est noir et pétri de la colère de Dieu. Il se compose de sanie, de goudron et de plomb fondus, de pierres de souffre et de mers de poix dont l'eau d'une grande amertume est horrible à boire. Il y règne par endroits un froid glacial. Des salles de feu y enserrent les pécheurs comme dans un étau, et des arbres portent des fruits si corrosifs que leur pulpe est capable de détacher la chair des os des damnés. Des scorpions le peuplent, aussi grands que des mules, et des bêtes immenses,

---

[95] **VNM**, p.122.
[96] **VNM**, p.123.

hideuses et noires, dont le venin violent brûle plus durement que le feu de l'enfer. On informe Muhammad que l'enfer est préparé pour accueillir les adorateurs d'idoles, les hommes qui ont cru en la loi de Dieu mais l'ont abandonnée, ceux qui associent Dieu à quelqu'un d'autre, les calomniateurs, ceux qui ne croient pas aux paroles des prophètes et blasphèment, qui ne font pas les prières obligatoires et préfèrent satisfaire leur volonté plutôt que de gagner la grâce de Dieu. Les damnés comprennent les usuriers, ceux qui amassent des richesses malhonnêtement, fraudent et trompent les gens sur les poids, refusent l'aumône aux pauvres et dilapident les biens des orphelins, les homosexuels et les hommes qui délaissent leurs épouses et se précipitent dans l'adultère. N'échappent pas à la Géhenne les médisants, les orgueilleux, les hommes qui font de faux témoignage, qui pratiquent les jeux de hasard ou dont les actes démentent les paroles. Les résidentes de l'enfer, quant à elles, comprennent les femmes impudiques qui ne cachent pas leurs cheveux ou les teignent, dédaignent leurs époux, demandent sans raison à être répudiées, brouillent leurs époux avec les voisins et les injurient, allaitent les enfants des autres sans l'autorisation de leur mari, ont des enfants adultérins, ne font pas leurs ablutions, portent des vêtements sales, ne se lavent pas après les règles ou le coït, font leurs prières après l'heure, boivent des drogues afin d'avorter, les courtisanes, les chanteuses et les pleureuses professionnelles.

Muhammad écoute le récit des supplices, tous en relation avec le péché commis pendant la vie terrestre. Puis il est informé du Jour du Jugement. Chaque ressuscité a trente ans, nu et sans chaussures. Il passe quarante ans sur l'esplanade du Jugement, sans boire ni manger, à attendre son tour. La peur est telle, ce jour-là, qu'une femme enceinte qui l'éprouverait oublierait le fruit de ses entrailles. À l'heure décidée par Dieu, il comparait devant tous. Dieu se fait alors fournir le registre de ses bonnes et mauvaises actions et les lit à haute voix. L'homme porte deux sceaux. Sur une énorme balance posée là, il vide le sceau de ses bonnes actions sur le plateau droit, et celui de ses mauvaises actions sur le gauche. Aucune mauvaise action ne peut être rachetée. S'il a commis beaucoup de péchés mais qu'il est en possession d'un billet où est inscrit *Il n'y a de Dieu que Dieu et Muhammad est son Prophète*[97], il est pardonné. Il est ensuite interrogé sur sa foi, la manière dont il a cru et la profession de foi. Il doit s'acquitter des prières, dire s'il a observé le jeûne du Ramadan, s'il a acquitté l'aumône, honoré son père et sa mère, s'il sait par cœur quelque passage du Coran. Celui qui réussit toutes ces épreuves peut alors franchir le *sirât*, ce pont qui mène au paradis et qui enjambe l'enfer. Pour le bienheureux, le pont est large et il peut l'emprunter sans difficultés. Au mécréant, l'enfer parait sous la forme d'une bête crachant des flammes. Lorsqu'il essaie de traverser le *sirât*, celui-ci devient plus fin qu'un cheveu et plus acéré qu'une épée, avant que des crocs ne l'attrapent pour le faire basculer en enfer.

Après ce récit du Jour du Jugement, Muhammad est ramené à la Mecque par l'ange Gabriel. Aicha* et Fatima* l'exhortent à ne pas rapporter ce récit car personne ne pourrait le croire. Pourtant, Muhammad décide de se rendre à la Ka'baà pour

[97] Profession de foi de tout musulman

y conter son périple. Seul Abu Bakr le croit. Quraish[98] le presse de questions et l'interroge sur l'endroit où se trouve leur caravane qui revient de Jérusalem. Muhammad leur décrit la caravane, sa cargaison en détail et les informe de son heure d'arrivée. Stupéfaits, les Quraishites voient arriver la caravane en question et s'aperçoivent de la véracité des dires du Prophète. Ce jour-là, quatre mille hommes se convertissent à l'islam. Muhammad demande alors à Ibn al-Abbas* de consigner ce récit par écrit.

[Nous n'avons fait
de la vision que nous t'avons montrée
... qu'une tentation pour les hommes][99].

Le voyage nocturne est survenu un an avant l'hégire, dans un moment de deuil pour le Prophète, qui a perdu son épouse bien-aimée Khadija* et son oncle protecteur Abu Talib*. En grande difficulté, il subit avec les musulmans une hostilité de plus en plus grande de la part de sa tribu. Les contes du *Mi'râj* arrivent à point nommé : ils provoquent la crainte et raniment la confiance. Ils vont jouer un rôle essentiel pour ancrer l'islam dans la masse. Les foules qui les écoutent se reconnaissent dans les réactions du Prophète, sa peur et son émerveillement. Même si les anges paraissent extraordinaires, ils prient et tournent autour du *bayt-al-Ma'amour*, comme eux tournent autour de l'enceinte sacrée de la Ka'baà, lors du pèlerinage à la Mecque. L'exégèse savante et souvent contradictoire des ulémas, dont ils entendent des bribes durant le prêche du

98 La tribu de Muhammad, établie à la Mecque.
99 **Coran**, *op. cit.*, Tome I, XVII, 60, p. 348.

vendredi, jette le trouble dans leur esprit, alors que ces contes si beaux, si colorés, rendent le Coran limpide à leurs yeux. Et comme le dit Jamel Eddine Bencheikh :

Si l'islam avait été laissé aux soins de quelques inspirés, il serait devenu une secte secrète pour théosophes hermétiques. Cela n'est pas. Ce n'est pas Avicenne que l'on récite chaque année à travers le monde arabe, mais Ibn al-Abbas[100].

Ces contes, comme nous le verrons, présentent des similitudes troublantes avec *La Divine Comédie*, et Miguel Asìn Palacios en fera la base de sa démonstration selon laquelle Dante s'en serait inspiré dans *L'Eschatologie musulmane de* La Divine Comédie. Pour Ma'arrî, en revanche, ces contes illustrent la superstition de ses contemporains et la malhonnêteté des sermonnaires qui détournent les hommes de la raison.

---

[100] Avicennes personnifie ici l'élite savante, Ibn 'Abbâs est celui dont le hadith est le plus souvent à la base des contes du *Mi'râj*.

Les sources poétiques

Ma'arrî a voué sa vie à la poésie. Les exigences de vérité (thèmes) et formelle (choix des mots, rimes difficiles) vont pour lui de pair et sont la marque d'un bon poème. Il critique la tradition poétique arabe et dénonce ses thèmes maudits (chasse, panégyrique, satire, éros, vin…) et le relâchement stylistique des poètes antérieurs qui sont pour lui une marque de décadence. Pourtant, *L'Épître du Pardon* est la première grande anthologie de la poésie arabe. Ma'arrî encombre parfois le récit de centaines de poèmes qui couvrent toute la période de l'Arabie antéislamique jusqu'à son époque. Non seulement il passe en revue les poètes très célèbres[101], mais aussi quantité de poètes moins connus ou totalement anonymes. Il explique en détail leurs poèmes, pointe les mots rares ou qui ont changé de sens, dévoile la beauté de leur versification ou la lourdeur de leur composition. On assiste à un cours magistral de poésie arabe. Rappelons que Ma'arrî était aveugle et qu'il doit cette démonstration unique à sa prodigieuse mémoire. C'est aussi l'occasion d'épingler Ibn al-Qârih[102] qui se permet dans sa lettre d'introduction de critiquer quantité de poètes sublimes et de mettre en doute leur art. Cette profusion de poèmes, dont certains sont de la création de Ma'arrî, peut dérouter et rendre le texte plus difficile à lire, mais elle enthousiasme ses lecteurs arabes *passionnés de poésie et ne s'intéressant à rien d'autre*[103] au point de leur faire oublier ses nombreux écarts à l'orthodoxie

[101] Comme Antara, Imry-i-Quas, al-Khansâ', al-A'sha, Labid, Shanfarâ, Bashshâr b. Bord, Abu Nawâs et Moutanabbî pour n'en citer que quelques-uns.
[102] Personnage principal de *L'Épître du Pardon*.
[103] **EP**, *op. cit.*, p. 204.

musulmane. D'ailleurs, Ma'arrî va profiter de la virtuosité de certains poètes maudits pour les réhabiliter aux yeux du lecteur. Il n'hésite pas à vanter Bashshâr b. Burd* et al-Hallâj* (tous deux exécutés pour hérésie) et de nombreux poètes bachiques ou délurés (Abu Nawas*, al-Akhtal*) malgré sa détestation de l'ivresse et de la luxure.

Les sources politiques

Muhammad, prophète de l'islam, meurt en 632 dans des conditions obscures[104] sans désigner clairement son successeur. Commence alors une lutte acharnée pour le pouvoir. Les musulmans sont partagés : certains pensent que son successeur doit être Ali, son cousin et gendre, d'autres considèrent que le pouvoir doit revenir à un des premiers convertis de sa tribu Quraysh, tandis que d'autres estiment que le pouvoir peut revenir à n'importe quel musulman digne de les guider, y compris parmi les Auxiliaires (*ansars*) de Médine qui se sont convertis à l'islam et qui ont accueilli le prophète. Une réunion se tient au préau des *Bani Sa'ida* pour désigner le successeur, sans Ali, occupé à enterrer le mort. Abu Bakr, un converti de la première heure, est désigné car Muhammad l'a chargé de conduire la prière du vendredi avant sa mort. Pour les partisans de Ali, cette désignation à la sauvette est une véritable traîtrise, une machination agencée par Abu Bakr et Umar pour usurper un pouvoir qui reviendrait de droit divin à Ali. Dans un premier temps, Ali refuse de faire allégeance à Abu Bakr. Selon la tradition shiite, Umar envoie son homme de main, Qundufh, pour le soumettre. Il moleste Fatima, sa femme enceinte, fille préférée du prophète. Craignant pour la vie de sa famille, Ali finit, à contrecœur, par faire allégeance à Abu Bakr.

De ce drame naît le premier schisme de l'islam. Ali doit ronger son frein et attend vingt-quatre ans avant de devenir calife. Trois califes le précédent : Abu Bakr, Umar et Uthman. Durant

[104] Hela Ouardi, *Les derniers jours de Muhammad*, Paris, Albin Michel, 2017.

cette période, l'empire musulman connaît une expansion spectaculaire. Les Byzantins sont défaits à Yarmouk en 636 et à Héliopolis en 640. Les Sassanides s'inclinent à al-Qâssidiyya en 636. Désormais, le territoire musulman couvre tout le Moyen-Orient, une partie de l'Afrique du Nord et de l'Asie centrale. Les cent mille cavaliers partis à la conquête du monde dominent plus de vingt millions de personnes. Les six provinces musulmanes[105] disposent chacune d'un gouverneur, d'une administration capable de lever les impôts et d'une armée.

Lorsque Ali arrive au pouvoir à la suite de l'assassinat de Uthman, les musulmans, malgré leurs succès, sont plus divisés que jamais. Depuis sa forteresse de Damas, le puissant gouverneur de Syrie Mu'awiyya b. bani Sufyan brandit la tunique tachée de sang de son oncle Uthman dans la mosquée et reproche à Ali de ne pas venger le mort. La coalition hétéroclite qui a soutenu Ali se délite : Talha b. Ubayd Allah* et Zubayr b. al-Awwam*, deux proches compagnons du prophète ainsi qu'Aicha, sa dernière épouse, le délaissent. En 657 Ali, furieux, les écrase lors de la bataille du chameau se prive d'alliés de poids. Mu'awiyya en profite, la même année, pour l'affronter aux bords de l'Euphrate à Siffin. Comme personne n'ose aller à une bataille meurtrière entre musulmans, Mu'awiyya propose un arbitrage qui se termine à son avantage. Les Kharijites (formés essentiellement de lecteurs du Coran) rompent avec Ali car ce dernier refuse de défendre par les armes un pouvoir qui lui vient de Dieu. En 658, Ali les écrase à la bataille de Nahrawân. Mu'awiyya profite, encore, des faiblesses d'Ali

[105] L'Arabie, le Yémen, l'Afrique du Nord, la Syrie, Jérusalem et l'Irak.

pour consolider encore davantage ses positions et charge son Général Amr b. al-Ass* de rattacher l'Égypte et les lieux saints à son domaine. Ali est pris en tenaille. Il finit poignardé en 661 par un rebelle kharijite à Kufa.

Mu'awiyya fonde alors la dynastie des Omeyyades qui gouverne le sort des musulmans pendant près d'un siècle. Il conquiert l'Espagne, la Nubie, le Caucase, l'Arménie, la Bactriane et la Transoxiane. Mais les conquérants musulmans sont très minoritaires. L'Empire est peuplé de chrétiens, de juifs, de gnostiques, de manichéens, de mazdéens et d'athées qui défient les dogmes de la nouvelle religion. Les Arabes ne parlent pas les langues de l'Empire et n'ont pas l'expérience d'administrer de si larges territoires. Dans un premier temps, les Omeyyades confient à des scribes et des percepteurs, convertis ou non, les tâches d'administrer l'Empire et de lever les impôts dans leurs langues d'origine. Puis, petit à petit, ils arrivent à imposer leur langue et leur monnaie. Les richesses affluent grâce au butin et au commerce. Des routes se construisent, les chemins caravaniers sont sécurisés. De magnifiques villes s'érigent et la somptueuse cour de Damas attire de nombreux savants et poètes.

Les califes omeyyades doivent à la fois mater les nombreux soulèvement shiites (partisans de Ali) et kharijites qui défient leur pouvoir et développer une théologie pour contrer les critiques de l'islam émises par les religieux des autres croyances qui peuplent l'Empire. Commence alors la collecte des hadiths (dires du prophète). La traduction de milliers de livres et les écoles de théologie et d'exégèse du Coran

Byzance
Hamdanides
Abbassides
Fatimides

fleurissent un peu partout. Si en 750 l'Empire omeyyade cède le pas à l'Empire abbasside, il a eu le mérite de fonder une administration solide, de frapper une monnaie reconnue, de généraliser l'usage de l'arabe, de sécuriser le commerce, d'initier un formidable effort de traduction d'œuvres littéraires provenant du monde entier et de collecter des hadiths. Bref, de jeter des bases solides pour ce qui va être le zénith du rayonnement islamique : l'Empire abbasside.

Le fondateur de la dynastie abbasside al-Saffah* rassemble autour de lui tous les opposants des Omeyyades à qui il promet plus de libertés (Shiites, Persans et lecteurs du Coran). Il commence son règne par le massacre de quatre-vingt-huit princes omeyyades, tous hormis un, abd-al-Rahmane*, qui s'échappe et fonde l'Émirat de Cordoue. Arrière-petit-fils de Abbas*, al-Saffah peut se prévaloir d'une filiation avec la famille du prophète. Il déplace la capitale de l'Empire de Damas à Kufa[106] et réorganise l'armée en permettant à des non-musulmans d'en faire partie. L'expansion territoriale s'arrête presque : seules la Sicile (827) et Malte (859) seront conquises. Mais les nouveaux supports du régime vont vite déchanter. Le troisième calife al-Mahdi* restaure la renaissance religieuse. Il s'entoure de théologiens qui définissent l'orthodoxie (*sunna*). L'instruction religieuse connaît un grand essor. Les athées (*zindiq*) et les polythéistes sont traqués et persécutés. L'inquisition est instaurée : les contrôleurs des marchés et des mœurs (*muhtasib*), rattachés aux juges (*cadis*), dénoncent les suspects. Leur chef, *Sahib al-zanadiqua*, en lien direct avec le calife, les exécute puis expose leurs dépouilles sur les ponts de Bagdad.

[106] Avant la construction de Bagdad par ses successeurs.

L'État s'organise : le calife assisté d'un vizir dispose d'un diwan (comprenant plusieurs ministères). Les vizirs barmakides, originaires de Perse, connaissent un tel pouvoir sous les califats de al-Mansur* et de Haroun al-Rachid* que l'historien Ibn Khaldoun* dira d'eux qu'ils ont la responsabilité générale et dirigent, de fait, l'État.

L'Empire abbasside connaît son apogée sous Haroun al-Rachid et al-Mam'ūn. Routes, ponts, caravansérails et relais de la poste sont construits et avec l'invention de la lettre de change (*chak*), le commerce connaît un essor sans précédent. Bagdad, avec son plan circulaire, devient la ville la plus peuplée du monde avec un million d'habitants. Samarcande et Le Caire comptent chacune un demi-million d'habitants. Des mosquées, des écoles, des fontaines et des hammams sont érigés de tous côtés. La cour est d'un raffinement extrême. Al-Mam'ūn fonde la maison de la sagesse (*dar-al-hikma*), une institution qui regroupe une université et la plus grande bibliothèque du monde où l'effort de traduction d'œuvres grecques, persanes, chinoises et indiennes s'accélère. Les sciences connaissent un grand essor et embrassent des domaines aussi variés que l'algèbre, l'hydraulique, la mécanique, l'optique, la chimie et la médecine.

Mais l'Empire finit par se fissurer. L'Espagne omeyyade ne reconnaît pas le califat de Bagdad. Les Fatimides (Shiites ismaéliens) contrôlent l'Afrique du Nord, l'Égypte et les lieux saints. En Syrie (terre natale de Ma'arrî), les shiites Hamdanides prennent le pouvoir. Les Bouyides (shiites) contrôlent la Perse.

Ils finissent par prendre la tutelle des dépouilles de l'Empire abbasside et deviennent les vrais dirigeants de l'Empire.

La répression sauvage des opposants politico-religieux (Shiites et Kharijites) et des hérétiques (dont la définition s'élargit) finissent par ébranler le pouvoir, tout comme les criantes inégalités sociales. En 869, les *Zanj,* esclaves noirs recrutés pour extraire la saumure dans le delta de l'Euphrate dans des conditions exécrables, se révoltent. Entraînés par un prédicateur shiite, ils prennent la ville de Bassora et il faut quinze ans et plusieurs expéditions militaires pour en venir à bout. En 930 les Qarmates, shiites, envahissent la Mecque et volent la pierre noire du sanctuaire de la Ka'abà[107]. En Syrie, les Hamdanides, dynastie bédouine, bientôt remplacée par les Mirdassides, s'empare d'un large territoire autour d'Alep. Encerclé, le pouvoir abbasside finit par subir la tutelle des persans shiites Bouyides qui trois ans avant la mort de Ma'arrî, cèdent le pouvoir aux Seldjoukides, qui rétablissent l'orthodoxie sunnite.

Gaston Wiet résume bien la situation géopolitique dans laquelle a vécu Ma'arrî :

Les Fatimides s'étaient installés en Égypte. En Syrie c'est un chaos inextricable : des aventuriers surgissent de tous les côtés, les villes changent de maître avec rapidité, les populations sont rançonnées et terrorisées, C'est l'anarchie : les petits potentats jouent, suivant leur convenance, de l'Abbasside ou du Fatimide, trahissent l'islam par des ententes passagères avec les Byzantins. Cette situation bouleversante n'a pas été

[107] Sanctuaire sacré à la Mecque, lieu du pèlerinage musulman.

sans avoir agi sur l'esprit de Abû-l-'Alâ' al- Ma'arrî[108].

Paradoxalement, pendant cette période de déclin politique, l'activité intellectuelle et théologique est d'une richesse inouïe : les Mu'tazilites arabisent la philosophie grecque et l'emploient pour pratiquer l'exégèse du Coran. Ils réussissent même à imposer leur vision de l'islam pendant une courte période, au grand dam des orthodoxes sunnites. Les Shiites développent leur propre exégèse et récoltent leurs propres hadiths. Le soufisme se développe, mais al-Hallâj est crucifié. Ghazali mène la guerre à la philosophie musulmane au nom des traditionnistes. Dans ce contexte, l'orthodoxie sunnite s'organise pour sauvegarder l'unité de l'islam et faire prévaloir le dogme à travers leurs quatre écoles de théologie.

C'est dans cette effervescence politique que Ma'arrî critique tout le monde : les régnants avides de pouvoir et de richesse, qui bâillonnent la pensée libre en instaurant la terreur et l'inquisition, mais aussi les exégètes de tout bord qui parlent de sujets sans être en mesure de les appréhender par leur raison et qui encouragent et terrorisent une masse analphabète et superstitieuse prête à accepter leurs récits sans aucun sens critique. *L'Épître du Pardon* est une réponse audacieuse, originale, irrévérencieuse et drôle à l'air de son temps.

---

[108] **EP**, *op. cit.*, cité par René Étiemble dans la préface, p. 10.

La vie de Ma‘arrî

Ma‘arrî est né en 973 à Ma‘arrat al-Numan, ville dont il porte le nom. Cette bourgade située en Syrie fait partie d'une principauté shiite ismaélienne alternativement dominée par les Hamdanides et les Bédouins mirdassides. La petite principauté est coincée entre l'Empire byzantin, distant de quelques dizaines de kilomètres de sa capitale Alep, et le Califat fatimide du Caire qui s'étend jusqu'à Damas. Ce territoire est l'objet d'invasions incessantes, soumis à une terreur constante. L'Empire abbasside, lui aussi voisin, est en pleine déconfiture : en peu de temps, il passe de la tutelle des souverains persans Bouyides shiites à celle des Seldjoukides sunnites.

Ma‘arrî est issu d'une famille relativement aisée et instruite. À l'âge de quatre ans, il perd la vue. Cet évènement considérable exerce une grande influence sur sa vie de réclusion et sa philosophie empreinte de pessimisme. Son père lui donne une solide éducation classique. À sa mort, le jeune orphelin de quinze ans est capable d'écrire des poèmes d'une excellente facture. Son oncle maternel, devenu son tuteur, décide de l'envoyer étudier à Alep sous la direction du philologue Ibn Khalawayh*. De là, Ma‘arrî pousse jusqu'à Lattaquié où il aurait été hébergé dans un monastère et aurait suivi l'enseignement de ses moines. Il se rend ensuite à Tripoli et à Antioche où il fréquente les bibliothèques et approfondit ses connaissances en arabe, théologie, grammaire et philologie avec les maîtres plus renommés. Ces villes se trouvant aux confins de l'Empire byzantin, il y découvre le christianisme, le judaïsme, l'hindouisme, le mazdéisme et même la philosophie grecque. Il revient à Ma'arrat al-Numan autour de ses vingt ans et devient végétalien. C'est durant cette période qu'il écrit son premier recueil de poésies, *al-Dir'iyât*, consacré à la description des cuirasses, et surtout son magnifique *L'éclat du silex* (*Saqt az-zand*) un recueil de panégyriques et d'élégies d'une rare élégance et d'un profond lyrisme où l'on perçoit l'influence de son maître, le poète Moutannabî*. Durant cette période, il enseigne la philologie et les Belles lettres et entreprend une correspondance régulière avec des lettrés célèbres tels que le Cadi hanafite Abu Hamza*, le futur vizir marwanide Abu Nasr al-Manazi* et le fils du vizir fatimide Abu Qasim al-Maghribi*.

À trente ans, Ma'arrî atteint une maturité et une virtuosité telles qu'il sent le besoin d'aller à Bagdad, capitale du savoir, pour mesurer ses performances intellectuelles et parfaire sa formation. Ce séjour d'un an et demi s'avère douloureux. Malhabile pour manger à cause de sa cécité, trop fier pour pratiquer le panégyrique, le poète ne se sent pas à l'aise dans la vie et le faste de la cour. Pourtant, il se restreint, suit les cours du grammairien Abu Hassan al-Raba'i*, fréquente les bibliothèques des califes et celle de Sabùr, se lie d'amitié avec le grammairien Abu Ali b. Furraga*, le Cadi al-Tanubi le jeune*. Il est régulièrement invité aux salons littéraires que tiennent les ismaéliens : le cheikh al-Wagika* (conservateur de la bibliothèque Sabù) et le Sharîf al-Murtadâ* (fils du Naqib[109] shiite de Bagdad). On dit même qu'il est convié à participer aux réunions secrètes des Frères de la Pureté. Ma'arrî n'est pas habitué à cette activité

[109] Titre honorifique décerné au représentant des descendants du Prophète.

sociale, et cela ne se passe pas toujours bien. Certains convives le traitent avec mépris. Un jour, s'étant fait annoncer au cercle du grammairien Abu Hassan al-Nahawi*, il entend celui-ci dire d'un ton moqueur : *Fais monter la taupe*[110], une autre fois on le traite de chien. *Est chien, celui qui ne connaît pas les soixante-dix noms du chien*, répond-t-il[111]. Cette réplique plait au Sharîf al-Murtadâ, qui l'invite dans son club littéraire. Au cours d'une séance, l'illustre hôte dénigre Moutannabî, le poète préféré de Ma'arrî qui réplique que *s'il n'avait composé que son poème : Ô domiciles aimés vous avez dans les cœurs élu domicile*, cela aurait suffi à sa gloire[112]. Vexé, al-Murtadâ le fait jeter dehors, traîné par les pieds[113]. C'en est trop, Ma'arrî quitte Bagdad pour retourner chez lui, d'autant que les nouvelles de la santé de sa mère sont alarmantes. Il arrive trop tard et découvre que sa mère est déjà décédée. Il fait alors ses adieux au monde et s'enferme dans ce qu'il considère être ses trois prisons - sa cécité, sa modeste demeure et un corps qu'il exècre :

Je me trouve enfermé au sein de trois prisons
Que nul ne songe à déterrer ma vie abjecte
Frappé de cécité, reclus dans ma maison,
J'ai l'âme incarcérée au fond d'un corps infect[114].

Il s'installe dans cette solitude, devient ascète, ne porte plus que des vêtements de bure, jeûne continuellement et mène une existence de nécessiteux reclus. C'est un Végétalien

[110] Rapporté par Patrick Magarbané en préface, *Les Impératifs, é*d. Sindbad, 2009, p. 14.
[111] Rapporté par Abdelaziz Kacem, Lumières du Levant, Wallonie-Bruxelles, Centre Culturel Arabe, 2006, p. 40.
[112] Ibid., p. 41.
[113] Cité par Abdelaziz Kacem, *Synergies Monde Arabe* N°5, 2008, p. 245.
[114] **LZ**, *op. cit.*, trad. Hoa Hoi Vuang, Tome I, p. 249.

convaincu, il ne s'alimente que de pain d'orge et de dattes. Sa demeure reste pourtant assaillie par de nombreux étudiants et érudits venus de toutes les provinces de l'Empire, parfois depuis la lointaine Andalousie, pour apprendre l'éloquence, la grammaire, la poésie et débattre de tous les sujets qui traversent le monde musulman. Par sa seule présence, sa bourgade natale devient un foyer intellectuel prestigieux et une destination culturelle très prisée.

Philologue et philosophe, Ma'arrî est une encyclopédie vivante. Servi par une érudition et une mémoire exceptionnelle, il s'acharne à écrire. Après son retour de Bagdad, sa première œuvre est un recueil de poèmes, *Les Impératifs* (*Luzûmiyyât*), chef-d'œuvre où il s'est astreint à composer des rimes ne comprenant que deux consonnes en utilisant toutes les lettres de l'alphabet, y compris les non musicales. Une poésie érudite, truffée de mots rares, chargée de symboles et de sous-entendus. C'est probablement à travers cette œuvre qu'on peut le mieux appréhender sa pensée, ses idées politiques et sa philosophie. Durant cette période, il écrit *L'Épître du Pardon* (*Rissâlat al-Guffran*), un ouvrage en prose rimée qui parodie la vie d'outre-tombe. Quant à *Dessins et Desseins* (*Al-fusul wa l-Ghayât*), seule une partie nous est parvenue. On lui reproche d'avoir voulu, à travers ce livre, imiter voire dépasser le Coran. *L'Épître des anges* (*Risâlat al-Malâ'ika*) traite essentiellement de la morphologie et de l'étymologie de certains mots arabes. Le poète pose à l'Ange de la mort plusieurs questions épineuses et réussit à retarder d'une heure sa mort tant l'ange est intrigué par son érudition. Seules ces six œuvres nous sont parvenues sur une centaine qu'il aurait écrites.

À l'époque, sa renommée est telle que le calife fatimide al-Hakim* lui offre de diriger une université au Caire et son successeur al-Muntassir* une substantielle pension, mais Ma'arrî refuse ces deux propositions. Certains notables, qui ne cessent d'affluer chez lui, viennent surtout sonder sa religiosité jugée hétérodoxe. C'est notamment le cas du missionnaire ismaélien al-Ayed*, qui le soupçonne d'athéisme. Ma'arrî ne sera pourtant jamais réellement inquiété. Ses concitoyens le vénèrent et le protègent car ils n'oublient pas qu'il a intercédé à leur demande auprès du Prince Salih b. Mirdass* pour sauver leur ville de la destruction. En effet, après son retour de Bagdad, un fait divers avait failli tourner au désastre : une musulmane, importunée par des ivrognes chrétiens, se réfugie dans la mosquée. La foule, pour la venger, brûle la taverne. S'ensuivent des heurts confessionnels. La police incarcère les meneurs, la ville s'insurge. Le Prince Salih, alerté, se dépêche avec ses troupes pour rétablir l'ordre et mettre la ville à sac. Ma'arrî, est choisi par ses concitoyens pour les défendre. Seul face à la redoutable armée de Salih, il s'avance et s'adresse au Prince : *Enfermé chez moi, quelque temps, dérobant à autrui mes défauts, je me mis à l'abri des jaloux. Quand j'en suis arrivé au soir de la vie, l'âme s'apprêtant à quitter le corps, ils m'ont dépêché comme intercesseur auprès de Sâlih et c'est là de leur part une idée saugrenue. De moi, il entendra le roucoulement du pigeon ; de lui j'entendrai le rugissement du lion*[115]. Héritier de la tradition littéraire de la dynastie Hamdanide[116], Salih lui réplique : *C'est plutôt de nous que tu entendras le roucoulement du pigeon et c'est de toi que nous entendrons le*

[115] **LZ.** *op. cit.*, trad. Abdelaziz Kacem,Tome I, p. 404.

[116] Sayf ad-adawla, le prince de la dynastie Hamdanite, a accueilli le poète Moutanabbî dans sa cour.

rugissement du lion[117]. Grâce à sa poésie il réussit à apaiser le violent courroux du seigneur d'Alep et à éviter le pire.

Le chef des missionnaires fatimides (*Da'î ad-Du'ât*)[118] entretient une relation épistolaire de deux ans, au cours de laquelle il essaie de sonder Ma'arrî sur son végétalisme et sa religiosité, mais celle-ci est interrompue en 1057 par la mort du poète, qui s'éteint paisiblement chez lui à l'âge de quatre-vingt-cinq ans.

[117] Cité par A. Kacem, *Synergies Monde Arabe* N° 5, 2008 p. 255
[118] Abû Nasr ibn Abi 'Imrân al-Mu 'ayyad fi-din.

La philosophie de Ma‘arrî

Ma‘arrî a mis quarante-huit ans pour écrire *Les Impératifs*. Dans cette œuvre maîtresse, il livre ses doutes sur la religion et les desseins d'un Dieu auquel il continue de croire malgré tout. Il s'interroge sur le sens qu'il veut donner à sa vie et l'inéluctable mort qu'il souhaite de tout son être. Il aborde les croyances de ses contemporains et le dogme musulman de l'au-delà. Lorsqu'il se met à écrire *L'Épître du Pardon* à l'âge de soixante ans, c'est un homme mûr. Ses croyances, longuement développées dans son recueil de poésie, nous donnent les clefs pour comprendre ce livre, à bien des égards déroutant.

Ma‘arrî est aveugle depuis l'âge de quatre ans, il a le visage marqué par les stigmates de la variole, il déteste son corps et fuit la compagnie des hommes et des femmes. Végétalien, de constitution frêle, son tempérament est craintif. Il se consacre exclusivement à l'écriture, mais dépend des autres pour mener à bien cette seule tâche qui lui importe. L'écriture ne représente pour lui ni un divertissement, ni une charge rémunérée. Elle ne lui apporte aucune consolation ou gloire : c'est une nécessité vitale. Heure après heure, il cisèle ses mots, affûte sa pensée et martèle la souffrance qu'il a de vivre. Par un ascétisme rigoureux et une activité intellectuelle obsessionnelle, il cherche à effacer sa matière charnelle pour libérer son esprit de ce carcan qui lui pèse. Pourtant, il avoue ne pas y arriver. Son corps *infâme* et son infirmité sont des *prisons*[119] qui lui rappellent à tout instant

[119] **LZ**, *op. cit.*, trad. Hoa Hoi Vuang, Tome I, p. 249.

son mal-être. Sa philosophie est empreinte de pessimisme et d'amertume. Le monde qu'il décrit est en décomposition permanente, la nuit y règne de bout en bout. Le minéral, le végétal et l'animal s'entremêlent mais de tous les arbres de la création, l'arbre des humains est le pire[120]. Ma'arrî est convaincu que la nature humaine est foncièrement et irrémédiablement mauvaise. Asservie par un destin implacable, corrompue par la déchéance de l'âme dans le corps, avilie par les passions et la société, la vie porte en soi une contradiction dramatique : elle aspire à durer, à s'épanouir mais ne trouve, au terme d'années trop brèves à son gré et remplies de souffrances, de déceptions et d'épreuves, que la mort et son néant.

L'amertume de Ma'arrî n'est pas seulement métaphysique : elle est aussi politique et sociale. Sa satire des puissants de son temps est si féroce que l'on s'étonne qu'elle ait pu demeurer impunie. Aucune classe sociale n'échappe à sa critique. Il compare les princes et les émirs à des *pillards bédouins*[121]. Il s'attaque avec sévérité aux docteurs de la Loi qu'il tient pour responsables de la corruption sociale : jurisconsultes, dévots ou missionnaires, tous lui paraissent, dans leur grande majorité, intéressés, hypocrites et ignorants. Il n'oublie pas non plus les gens du peuple dont il dénonce l'ignorance, la docilité, la superstition aveugle et l'automatisme sans âme avec lequel ils s'acquittent de leurs obligations religieuses. Il s'emporte contre tous ceux qui tirent profit de la superstition des hommes et qui au nom de l'autorité de la religion ou de la science vivent de la crédulité populaire. Ma'arrî entend amener les

[120] **RG**, p.249.
[121] Henri Laoust, Bulletin d'études orientales N° 10, 1944, p.14.

hommes à prendre conscience qu'ils sont les artisans de leur propre misère. Cependant, le poète ne prend pas pour guide les religions qui sont, pour lui, *des institutions humaines, passagères, nées d'un besoin naturel de mythes, perpétuées par l'éducation et la routine*[122] et qui finissent, toutes, par créer la discorde et engendrer des guerres :

Les religions ont répandu partout
une âpre haine, et dressé entre nous
un douloureux entrelacs de rancœur[123].

Il n'hésite pas à mettre sur le même plan toutes les religions positives et à suggérer que la voie du salut est à chercher ailleurs :

Les musulmans sont dans l'erreur,
les chrétiens ont fait fausse route,
les juifs demeurent dans le doute,
le mazdéisme n'est qu'un leurre.
Les humains sont de deux espèces
l'homme de raison qui délaisse
toute forme de confession
et l'esprit religieux qui laisse
derrière lui toute raison[124].

Car la solution qu'il préconise est l'usage de la raison, principe souverain de toute connaissance juste et de toute action droite. Il engage les hommes à lui obéir et à lui faire confiance avec la

---

[122] Henri Laoust, Bulletin des études orientales, N° 10-1944, p. 14
[123] **LZ**, *op. cit.*, trad. Hoa Hoi Vuang, Tome I, p. 228.
[124] **RG**, p.301.

certitude qu'ils ne pourront trouver nulle part de guide plus sûr. Il la défend contre les exigences de l'autorité, de la tradition, de la coutume et de la superstition :

Réveillez-vous, réveillez-vous, Ô égarés !
Vos religions ne sont que des pièges, des rets
tendus par quelque ancêtre. ils ont voulu rafler
des bribes de richesse et ma foi ils l'ont fait[125].

Toi qui est dupe, toi qui t'entêtes.
Fus-tu gratifié d'une raison ?
Dans ce cas, soumets-lui tes questions,
car toute raison est un prophète[126].

La raison telle que Ma'arrî la conçoit a cependant ses limites. Le philosophe avoue son incapacité à comprendre les desseins du Créateur :

Vous m'interrogez et je ne sais que répondre
Celui qui prétend savoir vous ment[127].

C'est pour cette raison qu'il pourfend tous les exégètes. Il dénonce les docteurs de la Loi sunnite, les Mu'tazilites, les philosophes, les soufis et les imams shiites qui parlent tous d'un ton docte d'un sujet qu'ils ne sont pas en mesure de connaître :

Mais qui devinerait les desseins du Seigneur ?
Il nous vient d'un rhéteur
qui use d'ornements, s'entoure de mystères,

---

[125] Ibid., **LZ**, Tome I, p.65.
[126] Ibid., **LZ**, Tome II, p. 642.
[127] **LZ**, *op. cit.*, trad. Abdelaziz Kacem, Tome I, p. 118.

au lieu de parler clair[128].

Ma'arrî se considère pourtant comme un croyant sincère d'une très grande exigence morale :

Je me suis prouvé sans réplique
qu'il y ait un sage créateur
je n'appartiens point à la clique
des méchants prévaricateurs[129].

Sois vertueuse, mon âme, le Bien
est toujours préférable.
Mais n'espère en retour aucun gain,
qui te soit profitable.
Alors dévoue-toi au Seigneur
non à ces serviteurs,
car la loi asservit,
quand l'esprit s'affranchit
par la raison des leurres[130].

La religion consiste en cette unique loi :
Montrez-vous justes envers tous les gens quel qu'ils soient[131].

Sunnite, de rite chafi'ite par sa naissance, il ne pratique pas le culte musulman. Il revendique de ne pas prier, il refuse de faire le pèlerinage à la Mecque et il jeûne par choix, et non pour se conformer à une coutume religieuse :

---

[128] **LZ**, *op. cit.*, trad. Hoa Hoi Vuang, Tome II, p 550.
[129] Ibid., **LZ**, Tome I, p. 229.
[130] Ibid., **LZ**, Tome I, p.175.
[131] Ibid., **LZ**, Tome I, p. 118.

Ils me disent : le vendredi, viens donc à la prière,
c'est l'occasion d'implorer Dieu, de chercher sa faveur.
Hélas, à quoi bon fréquenter ces compagnons sans lustre ?
Dans le meilleur des cas, je côtoierai des chameaux frustres[132].

Je n'irai point faire devoir de pèlerin
à la Mecque, en ce lieu où reviennent sans fin
tant d'estropiés à qui l'on ne demande rien[133] *!*

Dieu ne s'inquiète pas de ceux qui jeûnent par peur de lui déplaire
ou de ceux qui ne jeûnent pas.
Parce qu'il ne veut rien imposer à ses serviteurs[134].

Il va même beaucoup plus loin, puisqu'il nie l'existence des anges et met en question la Justice Divine si l'homme est prédestiné, des concepts clairement mentionnés dans le Coran :

Si le fauteur de crime y est prédestiné,
alors, le châtier serait un nouveau crime[135].

J'ai beau avoir vécu jusqu'à un certain âge
je n'ai jamais perçu ni djinn ni senti d'ange[136].

Il ne reconnaît pas non plus la validité des hadiths, colonne

[132] Ibid., **LZ**, Tome I, p.114.
[133] Ibid., **LZ**, Tome II, p. 289.
[134] Abu al-Alàa al-Ma'arrî, L'Épître du Pardon (EP), Vincent-Mansour Monteil (trad., introduction et notes), René Etiemble (préface), Paris, Gallimard, 1984, p. 224. D'après l'édition arabe : Abu al-Alàa al-Ma'arrî, Rissalât al-Guffran (RG), Muhammad Izzat Nasrulah (préface), Beyrouth, al-Maktabah athakafia bi beirut (Librairie Culturelle de Beyrouth),1968.
[135] **LZ**, *op. cit.*, trad. Hoa Hoi Vuang, Tome II, p. 273.
[136] Ibid., **LZ**, Tome II, p.240.

vertébrale de toute exégèse coranique traditionnelle :

Tu m'as rapporté des hadiths
inconsistants, contradictoires
et leur conflit me précipite
dans un doute rédhibitoire[137].

Ma'arrî est un agnostique, habité par un doute permanent. Dieu relève pour lui de l'ordre de l'inconnaissable : s'il le qualifie parfois de sage, il s'interroge quitte à envisager qu'il puisse être fou[138]. Même l'unicité de Dieu n'est pour lui qu'une *imitation qu'on accepte*[139]. Ses contemporains déconcertés l'ont tour à tour décrit comme ismaélien, druze, soufi voire brahmane. L'historien damascène Dhahabi* lui reproche l'hétérodoxie de son credo et l'accuse d'être un athée (*zindiq*). Le théologien Ibn al-Kathir* est effrayé par l'influence hindoue et chrétienne dans sa philosophie et n'hésite pas, lui aussi, à le traiter de *zindiq* notoire. Ma'arrî confesse d'ailleurs l'hétérodoxie de sa croyance :

On dit que je suis un homme de religion et pourtant si le voile était levé ceux qui parlent de moi en bien me feraient boire du vitriol[140].

Conscient de l'intolérance et de l'inquisition, marques de son époque, il ne cesse de prôner la liberté d'expression :

En notre temps, selon son principe et ses lois,

---

[137] Ibid., **LZ**, Tome II, p. 206.
[138] Ibid., Tome I, p. 394.
[139] Ibid., **LZ**, Tome I, p. 324.
[140] **EP**, *op. cit.*, p. 190.

crier : Assis ! à celui qui se tenait droit
puis dresser l'homme assis à ce cri : Lève-toi !
Jouir de sa pensée, est-ce une faute telle
qu'il faille nous tancer, nous châtier de plus belle[141].

La foi de Ma'arrî est tragique et entachée de crainte. Il cherche Dieu sans le trouver et n'a aucune certitude dans ce qui l'attend après la mort. Loin des tumultes du monde, avec un courage inflexible, il accepte l'inévitable destin, car c'est le seul moyen de s'en affranchir. Ce sentiment de résignation se prolonge chez lui par un ascétisme d'une étonnante rigueur et d'un végétarisme sans faille :

Viens donc, prête attention ; voici comment mener
une sainte existence. Évite de manger
ce que l'homme cruel sort des eaux poissonneuses.
Ne va pas convoiter la chair tendre et honteuse
du sacrifice, ni le liquide blanchâtre
qui n'a point coulé d'une mère délicate.
N'afflige pas l'oiseau tout à sa couvaison
car l'abus de pouvoir est un crime sans nom.
Laisse l'abeille en paix, renonce à son butin ;
qu'elle hume à son gré les fleurs de bon matin.
Elles n'ont pas peiné, ni recueilli le miel,
pour nous offrir gracieusement ce don du ciel.;
Ma main s'est purifiée de toutes ces souillures.
Qu'eussè-je observé plus jeune ces mesures[142] *!*

[141] **LZ**, *op. cit.*, trad. Hoa Hoi Vuang, Tome II, p. 440-441.
[142] *Ibid.*, **LZ**, Tome I, p. 295-296

On sait que Ma'arrî a passé une vie chaste. S'il apparait franchement misogyne dans beaucoup de poèmes, il peut nous surprendre lorsqu'il rejette la supériorité masculine ou lorsqu'il témoigne d'une sincère compassion envers les captives byzantines prises en butin :

Le genre masculin
couplé au féminin
l'emporte, à ce qu'on pense.
Singulière croyance[143] *!*

Pourquoi vit-on les femmes de Byzance
entrer au camp arabe à contrecœur ?
C'est qu'un prophète a livré sa sentence[144] *!*

Voilà, décrit succinctement, l'homme qui, au soir de sa vie, écrit *L'Épître du Pardon*. Un livre où il aborde l'au-delà : un lieu dont il doute de l'existence mais que tous ses contemporains attendent. Il saisit cette occasion pour déconstruire, avec humour, ce dogme musulman et remettre en question des croyances tenaces véhiculées par les hadiths, les exégètes et les sermonnaires.

[143] *Ibid.*, **LZ**, Tome I, p.133.
[144] *Ibid.*, **LZ**, Tome I, p. 128.

La Genèse de *L'Épître du Pardon*

L*'Épître du Pardon* cite de nombreuses sources coraniques. Il faut savoir que dans la première phase de la prédication (la période mecquoise), l'enfer est destiné quasi-exclusivement aux païens, un châtiment réservé aux détracteurs de Muhammad. Le verset de la Corde[145] est significatif à cet égard. Tous ceux qui croient en un Dieu Unique pendant cette période ont droit au paradis. Puis vient l'immigration à Médine, où le Prophète nourrit l'espoir de voir se rallier les puissantes tribus juives à l'islam et l'aider à en finir rapidement avec ses ennemis Quraychites. Il n'en est rien et le Coran finit par moins parler du sort des autres religions monothéistes dans l'au-delà pour s'intéresser plutôt aux nouveaux champions de la cause islamique, les martyrs, et leur promettre la récompense suprême. La prise de la Mecque relativement facile et l'abdication des anciens ennemis va considérablement gonfler le nombre des musulmans et ouvrir la porte au repentir et à l'intercession pour mériter le paradis. Il existe donc plusieurs lectures du Coran qui accordent à l'homme un accès plus ou moins aisé au paradis. Ma'arrî choisit la miséricorde divine qui permet à tous les repentis d'y accéder.

Vient ensuite le temps des grandes conquêtes et le choc culturel avec des civilisations anciennes qui interrogent le dogme de l'au-delà de la religion naissante. Les docteurs de la Loi

[145] Que les deux mains d'Abu Lahab périssent et que lui-même périsse ! Ses richesses et tout ce qu'il a acquis ne lui serviront à rien. Il sera exposé à un feu ardent, ainsi que sa femme, porteuse de bois, dont le cou est attaché par une corde de fibres. Coran, *op. cit.*, trad. D. Masson, CXI, 1-5, p. 771.

viennent prêter main forte aux califes pour faire face à ce défi. Ils font des prouesses pour récolter les hadiths, traduire des centaines d'ouvrages étrangers (grecs, persans, indiens) pour affûter les arguments et définir des méthodes (dialectique, (*kalâm*), unanimité, démonstration, pouvoir théophanique des imams) pour arriver à mieux cerner l'au-delà musulman. Cette extraordinaire liberté d'interprétation aboutit à une multitude de visions contradictoires, si bien que le calife al-Qâdir, après que ses prédécesseurs eurent usé sans grande efficacité de l'inquisition et de la mise à mort des hérétiques, décrète que la porte de l'interprétation personnelle (*ijtihad*) est close. Cet évènement survient peu avant la mort de Ma'arrî qui s'engouffre dans ces contradictions pour rendre son au-delà encore plus iconoclaste (en laissant, entre-autres, patienter les martyrs sur l'esplanade du Jugement).

Parallèlement à cette effervescence qui agite pendant trois siècles les docteurs de la Loi, les sermonnaires populaires (shiites et sunnites) sillonnent les routes de l'empire, diffusent les merveilleuses histoires de l'ascension au ciel du prophète (*mi'râj*) et inventent, comme nous l'avons vu, des anges sublimes, des contrées merveilleuses, un paradis où les délices sont sans limites et un enfer où les supplices dépassent l'imagination en cruauté. Pour faire peur au peuple, ils durcissent les prérequis pour entrer au paradis, puisque même les femmes qui se teignent les cheveux sont voués à l'enfer. Ma'arrî, habité par le doute, ne croit pas nécessairement à la vie future, il se moque des sermonnaires et des ulémas qui les contrôlent, mais puisque la majorité des musulmans souhaite l'extraordinaire, il leur offre des arbres à houris et ouvre les portes de l'Eden aux laissés-pour-compte.

Il profite d'une lettre qu'il reçoit d'un vague grammairien du nom de Ibn al-Qârih pour écrire *L'Épître du Pardon* et donner une issue heureuse à cette vie de malheur car la puissance divine fait preuve d'une grande miséricorde envers sa création en pardonnant presque tous les péchés.

L'Épître du Pardon est composé de trois lettres : « Le Dialogue des Morts » et deux autres lettres. Avant de décrire plus en détail cette œuvre, rappelons brièvement qui est Ibn al-Qarih. Il est devenu, malgré lui, le héros d'un des plus beaux livres de prose rimée arabe.

Abu Hassan Ali Ibn Mansur, connu sous le nom d'Ibn al-Qârih, est né à Alep en Syrie. Il est le protégé du vizir de la cour hamdanide d'Alep Abu Hassan al-Maghribi* et fréquente les cours du grammairien Ibn Khalawayh. À la mort de ce dernier, il déménage à Bagdad pour quelque temps avant de rejoindre son protecteur, devenu vizir du calife fatimide Al-Hakim. Il prend la fonction de précepteur du fils du vizir, célèbre le calife par des panégyriques, fréquente des lettrés et mène une vie de courtisan. Mais lorsque al-Hakim menace son vizir, Ibn al-Qârih sent le vent tourner et s'éclipse pour faire son pèlerinage à la Mecque : il y reste cinq ans. À son retour au Caire, Al-Maghribi est mis à mort par le calife. Lui fuit et erre pendant quelques années entre Tripoli et Antioche, jusqu'au jour où son ancien élève, le fils du défunt vizir, l'invite à le rejoindre. Il accepte, mais son hôte lui fait subir les pires sévices. Ibn al-Qârih n'a d'autres choix que de reprendre son errance, il enseigne la grammaire ici et là, entre Takrit et Bagdad. À ce stade de sa vie, ayant atteint soixante-dix ans, sa situation matérielle est pitoyable. Il rencontre un correspondant de Ma'arrî, al-Zahraji*, qui accepte de lui donner une lettre d'introduction, car dans l'esprit de Ibn al-Qârih a germé l'idée de trouver refuge chez le poète. Il lui écrit alors cette lettre[146] qui sera le point de départ de *L'Épître du Pardon*[147].

De retour à Alep Ibn al-Qârih, sa ville natale, il ne retrouve ni voisins ni amis. Heureusement, al-Zahraji, secrétaire du calife hamdanide Nasr al-Dawla*, lui donne des lettres d'introduction pour Ma'arrî, mais ces dernières lui sont volées :

J'écris à mon seigneur et maître, s'il le faut, je me sacrifierai pour lui... L'envie que j'aie de vous connaître ressemble à la soif d'un homme altéré, au tenace espoir d'un naufragé, à l'angoisse de vivre de celui qu'un serpent a mordu... Je vis dans l'espoir d'être admis dans votre commerce et votre famille, de descendre dans votre vallon, d'être accepté parmi vos compagnons, compté entre vos partisans[148].

Que suis-je ? Une humble brume-et vous êtes la nue. Qui suis-je auprès de vous, dont le nom se prononce après l'invocation du nom même de Dieu... Monseigneur, j'ai entendu vanter votre

[146] La lettre de Ibn al-Qârîh n'est pas incluse dans la version arabe de *L'Épître du Pardon,* mais elle est rapportée par Vincent Mansur-Monteil* dans sa traduction. **EP**, *op. cit.*, p. 45-77.

[147] La principale source de la vie de Ibn-al Qârih est la publication de Régis Blachère dans *ANALECTA*, Institut Français de Damas, 1975, p. 431-442.

[148] **EP**, *op. cit.*, p. 45.

immense culture, vous surpassez les plus fameux grammairiens, Sibawayh et al-Khalil]*[149].

Sans savoir que Ma'arrî admire le poète Mutanabbî*, Ibn al-Qârih se lance dans une diatribe contre lui : *[N'a-t-il pas rabaissé l'émir Sayf al-Dawla* qui l'avait couvert de bienfaits ? ... Sorti de prison, il est questionné par le vizir Ibn al-Jarrah* : Est-ce toi, Ahmad le faux prophète ? il répond : Non je suis Ahmad le Prophète!]*[150]. Il critique son usage abusif du diminutif et lui reproche le dédain qu'il a pour ses contemporains. Puis il se met en colère contre les manichéens et les schismatiques, alors taxés par l'inquisition d'athées. Il rappelle que le calife abbasside Al-Mahdi condamne à mort l'aveugle et licencieux Bashshâr b. Burd pour athéisme. Il dénonce ensuite un shiite extrémiste, du nom de Mondher Sanadiqi*, qui rassemble, selon lui, toutes les femmes du Yémen dans son palais et les oblige à s'unir à tous les hommes y compris leurs propres fils. Il finira empoisonné par le caïd de Sanaà. Le Qarmate Jannabi*, poursuit-il, incendie la Mecque, tue des milliers de gens, enlève vingt-six mille chameaux, s'empare d'un grand nombre de femmes et d'adolescents et vole la pierre noire du sanctuaire de la Ka'baà. Le grammairien ne s'arrête pas là dans sa dénonciation pêlemêle de toutes les exactions des infidèles. Quand la ville de Basra est détruite par la révolte des esclaves noirs *Zanj* ; Leur chef fait périr vingt-quatre mille hommes, met le feu à la grande mosquée et dit à ses partisans : *De chaque maison, faites un tombeau*[151] *!* Les califes et leur progéniture sont aussi l'objet de son ire : un jour, le calife omeyyade Walid

[149] *Ibid.*, **EP**, p. 47.
[150] *Ibid.*, **EP**, p. 50.
[151] *Ibid.*, **EP**, p. 54.

II*, tire à l'arc sur le Coran, en disant : *Le jour de la Résurrection quand tu rencontreras ton Dieu, dis-lui : Seigneur, c'est Walid qui m'a transpercé de ses flèches*[152]. Ce même calife, s'indigne-t-il, envoie à la Mecque un mage maçon pour y bâtir une taverne sur la sainte Ka'baà. Un autre régnant, Abû-'Isa, fils du calife Haroun al-Rachid écrit :

Le mois de jeûne m'accable ; puisse-t-il être aboli !
Fi de ce mois effroyable et qu'il tombe dans l'oubli !
Mais si j'avais le pouvoir d'ôter ce mois détestable,
je serais impitoyable pour supprimer ce temps noir[153] *!*

Ibn al-Qâriih n'épargne dans son envolée moralisatrice ni les contemplatifs, ni les philosophes, ni les docteurs de la Loi. Il affirme que le Soufi al-Hallâj est un aventurier plein d'arrogance, ses compagnons disent que son corps est l'enveloppe charnelle de Dieu, mais, le Sultan, exulte-t-il, le condamne à mille coups de fouet, à l'amputation de ses deux mains et au bûcher !

C'est moi dont le déluge a noyé le peuple de Noé. C'est moi qui fis périr les peuples d'Ad et de Thamûd[154].

Il s'en prend aussi au philosophe Ibn Rawandi* qui soutient, dit-il, que le monde est éternel, nie la mission du Prophète, critique la composition du Coran et prétend que Dieu n'a pas la science infuse. Les docteurs de la Loi ne sont pas épargnés : Ibn Rûmi *, selon lui, confesse à la veille de sa mort à son ami

152 *Ibid.*, **EP**, p. 52.
153 *Ibid.*, **EP**, p. 53.
154 *Ibid.*, **EP**, p. 56.

Najm qu'il envisage de se suicider. Quant à Abu Tammam*, il ne fait jamais ses prières.

Après cette longue diatribe l'aleppin rajoute : *Pourquoi irais-je me plaindre de l'injustice du sort alors que le sort et l'injustice même*[155]*?*

Ne cherchant même plus la compagnie des femmes, il rappelle sa solitude, mais prend exemple sur la résilience du Prophète et de ses fidèles compagnons harcelés et affamés. Il raconte la foi des premiers musulmans dans l'adversité :

Quant à moi, Ibn al-Qârih, je demande à Dieu de me secourir et de m'aider à lutter contre mes passions[156].

Ne pouvant venir à bout de ses désirs et avoue préférer les plaisirs fugitifs et superficiels qui conduisent à la perte ainsi que son penchant pour le vin. Puis Ibn al-Qârih aborde un autre registre :

J'ai étudié la grammaire avec Ibn Khalawayh et al-Farisi. Un jour le vizir fatimide, Abu Hassan al-Maghribi*, me demanda d'être le tuteur de son fils qui était un dévoyé. Le sort a fait que je l'ai retrouvé plus tard en Syrie et il m'a rendu la vie dure. Je le hais*[157].

Pardonnez-moi, ô Ma'arrî, mon vénéré maître, de m'être laissé entraîner à faire ainsi mon propre éloge alors que tout

---

[155] *Ibid.*, **RG**, p. 60.
[156] *Ibid.*, **EP**, p. 64.
[157] *Ibid.*, **EP**, p. 72.

panégyrique vous est dû... On m'a lu telles de vos épîtres dont les qualités littéraires ne peuvent se qualifier ni décrire... mais dans votre cas ce qui ne laisse pas de me stupéfier c'est votre prodigieuse mémoire.

Quant à moi, Ibn al-Qârih, je suis bien fatigué. J'ai perdu mon temps à apprendre, pour oublier ce que j'avais appris... Je me suis conduit comme une bête. Ma mauvaise nature m'a poussée à goûter aux douceurs de la vie. Je mis autant d'efforts à la chasse au plaisir que j'en avais mis à la quête de la culture et de la science... Je suis devenu d'une sottise proverbiale[158].

Je suis trop affaibli pour gagner ma vie... il me reste encore un peu d'une fortune considérable. Je cherche un homme digne de confiance à qui la remettre en viager... Aujourd'hui, si ma santé me le permet, je voudrais aller présenter mes respects au sage de Ma'arra, pour avoir l'honneur de partager sa société et sa conversation[159].

Mais c'est à Dieu, et non de Dieu, qu'il faut se plaindre !... Et moi, comment me plaindrais-je de celui qui m'a nourri pendant soixante-dix ans et plus ? Petit enfant, il me confia aux meilleurs parents. Plus tard, à douze ans, quand je devins orphelin. Dieu me prit sous son aile et ne me laissa jamais manquer de rien... Je prie mon maître Ma'arrî de m'honorer d'une réponse[160].

Voici une lettre bien curieuse. Ibn al-Qârih, en grammairien

[158] *Ibid.*, **EP**, p. 73.
[159] *Ibid.*, **EP**, p. 74.
[160] *Ibid.*, **EP**, p. 76.

admiratif, couvre Ma‘arrî d'éloges et n'hésite pas à utiliser les formules les plus obséquieuses. S'il reconnaît ses penchants pour le vin, les femmes et le luxe, il affirme son repentir. Sachant que Ma‘arrî entretient une correspondance avec al-Maghribi, il veut dissiper le sentiment qu'il n'est pas reconnaissant envers quelqu'un qui l'a toujours soutenu et se défend d'être comme Moutannabî, un ingrat qui s'est retourné contre Sayf al-Dawla alors que ce dernier l'avait couvert de ses largesses. Il ne sait pas à quel point Ma‘arrî apprécie sa poésie. Il s'indigne de tous les schismatiques alors qu'il a fait le panégyrique du calife al-Hakim connu pour son impiété. Il veut gagner la confiance de Ma‘arrî en faisant état de son âge avancé, de ses maux et de sa solitude. En bon musulman, il ne se plaint pas et remet son sort à Dieu. Il espère que le poète, connu pour sa générosité, l'accueillera et mettra fin à son errance, il laisse miroiter un viager alors qu'il est sans doute ruiné. Son étalage de culture, ses opinions à l'emporte-pièce sur tout le monde et ses anecdotes amusent et irritent à la fois Ma‘arrî qui ne s'empresse pas de lui répondre.

Le Dialogue des Morts
Ibn al-Qârih promis au paradis

Ma'arrî finit par lui répondre par cette épître qu'il intitule *Le Dialogue des Morts*[161].

Il est impossible de donner une idée de cette lettre en suivant son plan d'origine dans sa version arabe. Celle-ci est remplie de digressions et regorge d'anecdotes. Elle suit un trajet elliptique. Ma'arrî abandonne un sujet pour le reprendre plusieurs pages après. Son héros commence une aventure par sa fin pour revenir, après un détour sinueux, à son point de départ. Dans cette épître, Ma'arrî puise dans sa connaissance du Coran, dans les superstitions de ses contemporains et dans sa mémoire encyclopédique de la poésie arabe et de la linguistique pour inventer des histoires burlesques, pour étancher la soif de son correspondant en lui faisant rencontrer toutes sortes de poètes, lui expliquer le sens exact des mots et écorcher au passage tous les dogmes musulmans. Pour rendre ce passage plus accessible, j'en ai modifié le plan et je me suis appuyé sur l'excellente traduction, déjà épurée, de Vincent Mansur-Monteil.

[*J'ai bien reçu votre lettre, qui est comme une mer bouillonnante de sagesse. Voilà une lettre bien faite pour intercéder auprès de Dieu et pour se rapprocher de Lui. Peut-être même, le Seigneur daignera-t-Il dresser les lignes de votre lettre comme des échelles d'or et d'argent, pour*

[161] *Rihlat al-alam al-âkhar* en arabe.

permettre à ses anges d'aller, de la terre au ciel, révéler la bonne parole comme il est dit dans le Coran[162]][163].

[*C'est pourquoi, grâce à Dieu, ont été plantés pour vous, mon cher Maître, des arbres au paradis*. Sous chacun de ces arbres se tiennent des garçons éternellement jeunes et propices. Comme rien n'est impossible à Dieu, voici ce qu'ils disent : *Nous sommes, avec ces arbres, un don de Dieu en faveur de Ali B. Mansour*[164] *; nous l'attendons en secret, jusqu'au jour où retentira la trompette du Jugement*][165].

Au pied des arbres coulent les rivières de l'eau éternelle de la vie, alimentées par le fleuve[166]. *Une seule gorgée de cette eau est souveraine contre la mort,* on y voit aussi des ruisseaux de lait inaltérable et d'autres d'un bon vin cacheté. Ce vin n'est pas blâmable, car comme a dit le poète Alqama* :

Il est souverain contre la migraine
et ne porte au cerveau ni confusion ni peine[167].

Les élus se servent de coupes d'or et de vases de chrysolite d'une incomparable beauté. Ma'arrî se lance alors dans une évocation savante de tous les poètes bachiques arabes, des plus célèbres aux moins connus, rappelle leurs poèmes, la description qu'ils font du vin et la beauté des carafes pour le servir, pour dire que s'ils avaient gouté ne fût-ce qu'un

---

[162] **Coran**, *op. cit.*, Tome II, XXXV, 10, p. 135.
[163] **RG**, *op. cit.*, p. 25.
[164] Ibn al-Qârih.
[165] *Ibid.*, **RG**, p. 26.
[166] Le fleuve du jardin d'Eden dans le Coran.
[167] *Ibid.*, **RG**, p. 27.

instant le breuvage céleste, ils auraient trouvé leur poésie bien fade. Il évoque ensuite le miel pur et paradisiaque qu'aucune abeille n'a butiné. *Ce miel de l'Eden ! Le buveur le plus altéré pourrait éternellement s'en nourrir, sans risquer d'attraper la variole*[168] *et sans avoir besoin de couvrir son corps fiévreux*[169]. Cela apparait clairement dans le Coran[170]. Ma'arrî cite le poète Namir b. Tawlab al-Okbi* qui clame la douceur du miel goûté en compagnie de son amoureuse. Enfin il évoque les poissons délectables qu'on trouve dans les rivières de l'Eden, à l'image de ce qu'a dit Mutanabbi devant un poisson de sucre et d'amandes : *Rien ne vaut celui-ci qui nage dans une mare de miel*[171].Quant aux poissons qui nagent dans les ruisseaux de vin paradisiaque, ils sont d'or, d'argent et de pierres précieuses. Leur goût est aussi suave que la lavande.

[168] Ma'arrî a perdu la vue par suite de variole.
[169] *Ibid.*, **RG**, p. 32.
[170] **Coran**, *op. cit.*, XLVII, 15.
[171] **RG**, *op. cit.*, p. 39.

Le Dialogue des Morts
L'entrée au paradis

Ibn al-Qârih mérite le paradis grâce à son repentir, mais son arrivée au jardin d'Eden n'est pas de tout repos. Voilà comment le cheikh raconte son aventure :

Lorsque, tout tremblant, je sors de ma tombe et je me tiens sur l'Esplanade de la Résurrection[172]. J'attends dans la moiteur, la soif et l'angoisse, un temps qui me parait interminable, que l'heure de mon jugement arrive. Lorsque je réalise que je ne peux tenir davantage, l'ange gardien arrive enfin, avec le rôle de mes bonnes actions, *hélas, aussi rares que la verdure en année sèche* et mon repentir final *ne brille guère plus que la veilleuse du moine pour éclairer la route du voyageur*[173]. Je réalise alors que mes chances de regagner le paradis sont infimes, et décide de composer un poème en l'honneur de Redwane, le gardien du paradis, dans l'espoir qu'il me laisse passer. Je me glisse à travers la foule, pour m'approcher de lui, me faire voir et entendre. Mais, Redwane ne s'aperçoit même pas de ma présence. En désespoir de cause je finis par hurler de toutes mes forces :

- *Redwane, gardien fidèle du Tout-Puissant à la porte du paradis ! N'entends-tu pas mes cris, mes appels au secours ?*
- *Bon j'ai bien entendu dire mon nom, mais je ne sais pas ce que tu me veux, pauvre type.*
- *J'ai composé pour toi de nombreux poèmes.*

[172] *Ibid.*, **RG**, p. 90.
[173] *Ibid.*, **RG**, p. 90.

- *Qu'est-ce qu'un poème ? Je n'ai jamais entendu parler de ça.*
- *J'en ai fait pour toi, dans l'espoir que tu me laisses entrer au paradis.*
- *Tu es fou, tu crois que je peux me passer de la permission divine ? Il n'en est pas question, tu m'entends il n'en est pas question*[174] *!*

Je tente alors ma chance auprès d'un autre portier nommé Zofar, *mais autant m'adresser à des rochers sourds* :

- *Par Dieu, je ne puis rien pour toi, je n'ai personne qui puisse intercéder pour toi. Mais de quel peuple es-tu ?*
- *Je suis du peuple de Mohamed.*
- *C'est exact Mohamed est le prophète des Arabes, va trouver ton maître et demande-lui de plaider ta cause*[175].

Pendant que je réfléchis perplexe à une issue, j'aperçois un homme de lumière. Je demande à mes voisins : *Qui est-ce ?* On me répond : *C'est Hamza*, l'oncle du Prophète, et ses compagnons sont les musulmans martyrs tombés à la bataille d'Ohod*[176]. Je l'interpelle alors : *Oh prince des martyrs !* Ayant compris que je cherchais à le soudoyer, il me répond : *Malheur à toi ! Crois-tu que ce soit le lieu pour un panégyrique ? Ne connais-tu pas le verset coranique*[177] *qui dit que chaque homme le Jour du Jugement est seul devant le Seigneur*[178] mais me propose de m'accompagner auprès de son neveu Ali qui exposera mon cas au Prophète.

[174] *Ibid.,* **RG**, p. 91-92.
[175] *Ibid.,* **RG**, p. 92-93.
[176] *Ibid.*, p. 92.
[177] **Coran**, *op. cit.*, Tome II, LXXXII, 19, p. 745.
[178] **RG**, *op. cit.*, p. 94.

Juste au moment où Ali me demande mon certificat de repentir, mon attention est attirée par mon ancien maître de grammaire al-Farisi. Comme je m'empresse de le saluer, dans la confusion, je perds le certificat. Ali, commandeur des croyants, voit mon agitation et ma détresse : *Cela ne fait rien ! As-tu quelque témoin de ton repentir ? Oui le Cadi d'Alep al-Karim*[179] dis-je. Il fait alors crier le nom du Cadi par un crieur invisible. Au troisième appel, une voix se fait entendre : *Oui, dit-elle, j'ai été témoin du repentir de Ali Mansour, repentir tardif d'ailleurs en présence de nombreux assesseurs*. Ali me répond : *Tu veux l'impossible ! Tu n'as qu'à faire comme les autres fils de ton père Adam*[180]. Découragé et mourant de soif je m'approche de la vasque du Prophète dans l'espoir de boire quelques gouttes de cette eau bénite qui désaltère pour toujours. La vasque est défendue par les Anges justiciers qui repoussent les infidèles avec des tisons brûlants. Je réussis malgré tout à me désaltérer et cela me donne des forces pour redoubler d'efforts dans mes tentatives d'obtenir un intercesseur.

Je m'approche de la noble famille du Prophète pour solliciter de nouveau sa protection. J'aperçois alors Fatima, entrée depuis longtemps au paradis. Elle sort ce jour-là pour saluer son père, qui attend son Jugement dernier. À son passage, une voix ordonne aux ressuscités de baisser les yeux. Je m'adresse à son entourage pour expliquer mon cas, jusqu'à ce qu'on lui dise : *Voici l'un de nos proches, dont le repentir ne fait aucun doute et qui sera sûrement un des élus. Il nous a demandé votre aide, pour lui épargner la terreur du lieu de la station où il se trouve*

[179] *Ibid.*, **RG**, p. 95.
[180] *Ibid.*, **RG**, p. 95.

encore et le faire entrer au plus vite au paradis. Fatima dit à son demi-frère Ibrahim* : *Occupe-toi de lui.* Ibrahim m'invite à m'accrocher à l'étrier de son cheval de lumière, qui s'élance et fend la foule pour s'envoler jusqu'à atteindre le Prophète ; celui-ci demande : *Qui est cet étranger ?* Sa fille lui répond : *C'est quelqu'un qui m'a été recommandé par quantité de garants respectables*[181]. Le Prophète demande que mes actions soient examinées et vérifie qu'elles sont bien inscrites au grand livre et closes par la mention de mon repentir. C'est alors qu'enfin il intercède pour moi et m'autorise à entrer au paradis.

Mais il me faut encore franchir le redoutable *sirât*. Lorsque je tente ma chance, je perds l'équilibre dès les premiers pas. Fatima qui m'observe demande à l'une de ses servantes de m'aider. Celle-ci vient à moi mais je chancèle. Je lui demande alors de me porter sur son dos et je passe ainsi, le *sirât,* à la vitesse fulgurante de l'éclair. Une fois devant la porte de l'Eden : le redoutable Redwane exige mon passeport, que je n'ai pas bien sûr. Il refuse de me laisser entrer sans permis. Heureusement le jeune Ibrahim se retourne et me voit, il vient vers moi, m'arrache de force et me projette au paradis. Il était temps ! Mon attente a duré six mois. Elle est restée imprimée de manière indélébile dans ma mémoire.

---

[181] *Ibid.*, **RG**, p. 98.

Le Dialogue des Morts
Ibn al-Qârih au paradis

Ibn al-Qârih est enfin arrivé au paradis où Ma'arrî lui fait rencontrer, pour étancher sa soif de savoir, des commensaux choisis parmi les lettrés. Il se réconcilie aussi avec ses nombreux ennemis car comme dit le Coran :

Nous avons arraché ce qui se trouvait de haine dans leurs cœurs. Ils deviendront comme des frères sur des lits de repos se faisant vis-à-vis. Nulle peine ne les touchera et ils ne seront jamais expulsés[182].

À peine arrivé au paradis, il festoie sans discontinuer avec ses amis. La fête bat son plein et l'atmosphère est tellement gaie, les esprits tellement échauffés, que les convives finissent par jeter leurs flacons dans les ruisseaux de ce jardin d'Eden où ils s'entrechoquent en faisant un vacarme à réveiller les morts.

Il se trouve maintenant dans la situation décrite autrefois par le poète Ibn-al-Bakri*

J'avais distribué des branches odorantes
et les pichets bien frais d'un bon vin doux-amer.
Tant qu'il en reste, l'assemblée en redemande
et boit un second coup dès qu'il lui est offert.
Avec une bouteille un échanson s'affaire :
le bas de sa tunique est troussé vers le haut.
Dès qu'elle entend sonner une cymbale claire,
une chanteuse peu vêtue lui fait écho[183].

[182] **Coran,** *op. cit.*, Tome I, XV, 47, p. 319.
[183] **EP,** *op. cit.*, p. 41.

Ibn al-Qârih au paroxysme du bonheur cite al-A'sha*, en regrettant qu'il ne soit pas en leur compagnie pour les régaler de sa poésie.

Que de fois j'ai goûté d'un vin effervescent
aux bulles si semblables à des fleurs de sang
et au parfum musqué ! Quand l'échanson le verse,
aux cabarets et aux tavernes de chez nous,
peu m'importe qu'il le disperse
en le puisant à l'aiguière, et si le moût
est devenu du vin qui a perdu sa mousse,
et que les coupes, flanc contre flanc, se trémoussent,
attaquant bruyamment et se calmant tout doux !
Car, alors, le niveau qui, dans nos verres, baisse
et les rends tout pareils à des puits qui s'assèchent,
ôte au vin tout motif de s'écouler partout[184].

Après avoir bien bu et s'être bien amusé, il décide alors de faire une promenade d'agrément. Il chevauche un chameau céleste en chantonnant un poème bachique lorsqu'il entend une voix lui dire : *Sais-tu de qui sont ces vers ?* Elles sont du poète al-A'sha dit-il, alors la voix lui répond : *Je suis al-A'sha, Dieu a été bienveillant pour moi, alors que j'étais au bord de la Géhenne et que j'avais désespéré à jamais d'être pardonné.* Ibn al-Qârih voit alors apparaitre un jeune homme magnifique qui n'a plus rien à voir avec le myope bossu qu'était le poète durant sa vie terrestre. Stupéfait il lui demande comment il a pu échapper à l'enfer.

J'étais traîné vers le Feu par les Anges exterminateurs sur

[184] **EP,** *op. cit.*, p. 42.

la Place de la Résurrection, lorsque j'aperçus le Prophète entouré d'une foule qui lui réclamait l'intercession. Je hurlais à mon tour : Ô Muhammad, je me réfugie auprès de toi. Le Prophète demande à Ali d'aller s'enquérir pour voir à quel titre je mérite sa protection. Je réponds alors, poèmes à l'appui, qu'au plus profond des temps païens, je croyais déjà en Dieu, au Jugement Dernier et à la Résurrection[185]. Alors Ali s'en va rapporter mes propos et rajoute que les Quraishites m'ont empêché de le voir et de me soumettre à l'islam. Muhammad intercède alors en ma faveur, à condition que je m'abstienne de boire du vin au paradis. Mais cette sentence me convient parfaitement car, ici, le miel et l'eau vive coulent à flots.

Le cheikh poursuit sa promenade et aperçoit deux magnifiques châteaux appartenant à des poètes antéislamiques. Curieux de voir comment deux hommes, morts avant de connaître l'islam, ont pu bénéficier de la miséricorde divine. Il s'adresse d'abord à Zuhayr b. Abi Salma* et découvre que ce dernier a pu accéder à la récompense suprême parce qu'au temps de la gentilité, il avait écrit :

Ne cachez pas à Dieu ce que vos cœurs recèlent,
car, en dépit de tout, il sait ce qu'on lui cèle.
Vos actes sont inscrits sur un rôle et un compte,
à moins que la vengeance de Dieu ne soit prompte[186].

Bien qu'il ait écrit de nombreux poèmes bachiques durant sa vie terrestre, Zuhayr a le droit de boire du vin au paradis parce qu'à son époque, le vin est permis par les prophètes.

[185] *Ibid.*, **EP**, p. 44-45.
[186] *Ibid.*, **EP**, 47.

Ibn-al-Qârih se tourne alors vers l'autre châtelain Abid b. al-Abras*, et avant même qu'il ne lui adresse la parole, le poète devine sa pensée et dit : *C'est vrai ! J'ai commencé par être précipité dans l'abîme infernal, mais heureusement, durant ma vie j'avais écrit ces vers* :

Demander aux hommes expose au refus
mais qui s'adresse à Dieu ne sera point déçu[187].

Au fur et à mesure que les hommes du paradis récitent ce poème, ma peine est allégée jusqu'à ce que je sois délivré de mes chaînes.

Ibn al-Qârih décide alors d'aller à la rencontre du poète Adi b. Zayd al-Ibadi*, qui habite juste à côté, pour lui demander comment il a réussi à franchir le *sirât. Tout simplement parce que j'étais chrétien et que tous ceux qui suivaient les prophètes avant la mission de Mohammad n'ont eu rien à craindre*[188]. Comme le cheikh le presse de questions sur la grammaire et la prosodie, celui-ci lui répond : *Épargne-moi à ces bagatelles et viens chasser avec moi*[189]. Ils enfourchent deux coursiers célestes et s'en vont à la poursuite de bœufs sauvages, mais lorsque leur flèche est à deux doigts d'atteindre l'animal elle s'arrête net et celui-ci se met à parler :
Sache que je ne suis pas un gibier de paradis. J'ai vécu sur terre et j'ai sauvé une caravane de musulmans affamés. Ils me tuèrent et me mangèrent, ce qui leur permit de poursuivre leur route. En guise de récompense, Dieu m'accorda la vie

[187] *Ibid.*, **EP**, p. 48.
[188] *Ibid.*, **EP**, p. 48.
[189] *Ibid.*, **EP**, p. 55.

éternelle[190]. Alors ils décident de poursuivre leur chasse et au moment d'atteindre leur deuxième cible : un âne sauvage, ce dernier se met aussi à parler :
Autrefois je fus tué par un chasseur qui vendit ma peau sur un marché, elle servit pour fabriquer un sceau qui a servi aux ablutions et à désaltérer de nombreux musulmans. Dieu dans sa Miséricorde m'a permis d'entrer au paradis[191].

Ils continuent leur promenade et rencontrent deux autres poètes. L'un d'eux les informe qu'il est au paradis parce que, au temps de l'ignorance, il avait fait le pèlerinage à la Mecque et composé ces vers :

Par celui que j'ai visité en pèlerin
et par le sang versé sur les idoles !
Par celui qui abrite les oiseaux qui volent !
Par les pierres que frottent les pieuses mains[192]*!*

Même si le poète s'adressait aux idoles païennes, le simple fait qu'il ait visité le sanctuaire a suffi à l'absoudre car Dieu pardonne aux grands pécheurs, si un petit mérite peut être reconnu en leur faveur.

Ils convoquent alors al-A'sha et se régalent des bonnes choses du paradis tout en devisant de littérature et de poésie. Ma'arrî en profite pour expliquer, par une longue digression, combien ces poètes antéislamiques sont mal compris et fait une

[190] *Ibid.*, **EP**, p. 57.
[191] *Ibid.*, **EP**, p. 38.
[192] *Ibid.*, **EP**, p. 61.

démonstration de son érudition en donnant le sens des mots qui prévalait à leur époque.

Pendant que nos amis devisent et se régalent, des oies se posent à leurs pieds. *Dieu nous a inspirés de descendre dans cette prairie et d'y chanter pour les buveurs*[193]. Ibn al-Qârih, ravi, leur demande de s'exécuter. Les oies secouent leurs plumes et se transforment en jeunes et jolies filles tenant en leurs mains toutes sortes d'instruments de musique. Le cheikh leur demande alors d'improviser une mélodie en s'inspirant d'un poème qu'il leur dicte. La jeune chanteuse s'exécute avec tant de virtuosité que l'assemblée est sous le charme et ne cesse de lui réclamer une chanson après l'autre. Devant cette liesse, la jeune fille leur dit que rien n'est impossible au pouvoir du Créateur. *Vous êtes au bord d'un océan infranchissable. Gloire à celui qui ressuscite les squelettes*[194]*!*

Le cheikh se tourne vers les oies transformées en houris et leur demande d'improviser des chansons sur des vers d'amour. L'assistance est emballée et réjouie par ces volatiles que le Seigneur a transformés en ravissantes chanteuses à la lourde croupe. Les poètes, passablement enivrés et échauffés par une rixe littéraire, se mettent à se disputer. Les insultes fusent. Ibn al-Qârih a beau s'interposer, leur dire : *Ce sont là des manières de païens,* leur rappelle que Dieu avait révélé dans le Coran que le breuvage limpide du paradis *n'entête ni n'enivre*, mais rien n'y fait car nos convives se bagarrent de plus belle. Ibn al-Qârih prend peur qu'un ange passe et les dénonce au

[193] *Ibid.*, **EP**, p. 67.
[194] *Ibid.*, **EP**, p. 68.

Seigneur, alors pour calmer les esprits, il les invite à s'unir à ces belles houris aux yeux noirs. Mais Labid* fait remarquer : *Si Abu-Laylà prend avec lui une de ces chanteuses, et si les autres en font autant, cette histoire sera la fable du paradis et nous risquons d'être appelés : les maris des oies*[195]*!*
À ces paroles, la compagnie renonce à se répartir les chanteuses.

Le cheikh décide alors de continuer sa promenade et rencontre les cinq poètes borgnes[196]. Comme à son accoutumée, il les interroge sur des détails de leur poésie, l'utilisation de mots qu'ils auraient mal choisis ou une tournure grammaticale malencontreuse. En retour, il reçoit souvent les mêmes réponses :

Mon Dieu, j'ai oublié toutes ces rimes, depuis que je passe mon temps à m'ébattre avec des houris bien en chair ! Les dons dont Dieu m'a comblé ici m'ont détaché des occupations profanes telles que chanter les belles ou chasser les craintives autruches aux plumages gris cendré.

Découragé, le cheikh a l'excellente idée d'offrir un festin au plus grand nombre possible de poètes. Aussitôt des moulins apparaissent au bord du fleuve *Kawthar* pour moudre le blé du paradis. Quand la quantité de farine nécessaire au repas est prête, le cheikh fait venir les cuisiniers qui ont vécu à Alep au cours des âges pour préparer le festin et envoie les garçons immortels chercher des agneaux, des oiseaux comestibles, des bœufs et des chameaux pour être égorgés. En voyant le couteau du boucher, chaque victime se met à crier, mais grâce

195 *Ibid.*, **EP**, p. 81.
196 Les cinq poètes borgnes sont (1) Tamîm b. Obayy b. Moqbel 'Ajlâni (2) Amr b. Ahmar Bâhili (3) Ma'qil b.Dirâr Shammâkh (4) 'Obeid b. al-Hosayn Nomeiri et (5) Homeid b. Thaw Hilâli.

à Dieu, elles subissent la lame sans souffrir.

Dès que le repas est prêt, s'empressent les éphèbes de service, semblables à des perles cachées pour inviter les hôtes de Ibn al-Qârih : des poètes antérieurs ou postérieurs à l'islam, hommes de raffinement et de culture. On appelle les chanteuses du paradis, qui sont ici après s'être repenties de leurs péchés. Pour elles, la compagnie leur fait grand accueil. Mais on déplore l'absence des cigales, deux chanteuses qui, sur terre, s'étaient distinguées par leur talent. Aussitôt dit aussitôt fait, elles apparaissent et l'assistance est transportée de joie. Le cheikh leur demande de mettre en musique des poèmes de Abid b. Abras et d'Aws b. Hajar*, que les chanteuses ne connaissent pas, mais l'inspiration qu'elles reçoivent d'en haut leur permet de composer de très belles chansons.

La chanteuse dit au public enthousiaste que sur terre, elle est cette mère de Amr dont a parlé le poète Amr b. Adi* :

Mère de 'Amr ! Tu m'escamotes
la coupe au lieu de me servir.
Qu'ai-je de moins que les deux autres,
pour que tu veuilles me punir[197]*?*

Un magnifique paon céleste se pavane devant les convives et donne envie à l'un d'eux de le déguster. À peine a-t-il imaginé ce repas que voici l'oiseau tout cuit, sur un plat d'or devant le poète. Dès que celui-ci a satisfait son appétit, les os du paon se recomposent et le volatile reprend son aspect normal d'oiseau vivant.

---

[197] *Ibid.*, **EP**, p. 111.

Le cheikh, nostalgique, éprouve alors le désir de voir des nuages à l'image de ceux qu'a chanté le poète anonyme :

Du dormeur réveillé par l'éclair de l'orage
qui l'éblouit comme une lampe dans la nuit
et le vent chaud du Sud pousse les lourds nuages
et sur eux pèse l'eau qui amène la pluie[198].

Alors Dieu suscite un nuage d'une beauté insurpassable, orné d'éclairs de toutes parts, ruisselant de rosée et de bruine légère qui n'est que l'eau de rose du paradis.

Ibn al-Qârih a envie maintenant de s'amuser. Aussitôt, le Tout-Puissant, dans sa Sagesse, décide de créer un noyer qui fructifie et laisse choir d'innombrables noix dont chacune en s'ouvrant découvre quatre jolies filles. Ibn al-Qârih se retire avec deux d'entre elles. La première lui apprend qu'elle vivait dans la cité d'Alep sous le nom de Hamdûna et qu'elle était une des femmes les plus laides de la cité. Après avoir été mariée à un chiffonnier, elle se consacre à la prière. C'est pour cela qu'elle est acceptée au paradis. Quant à la seconde, Tawfiq, elle était la noire qui travaillait à la bibliothèque de Bagdad et qui portait les livres aux copistes. *Tu étais Noire et te voilà plus blanche que le camphre !* S'exclame le cheikh. *Que tombe un grain de sa blancheur sur tous les nègres, et les voilà, de noirs, qui deviennent tout blancs*[199]*!*

Ibn al-Qârih demande alors à un ange de passage de lui expliquer qui sont les houris ? *Il en est de deux sortes, les*

[198] *Ibid.*, **EP**, p. 109.
[199] *Ibid.*, ***EP***, p. 118.

unes ont été créés par Dieu au paradis et ne connaissent rien d'autre, les autres ont été transportées par Dieu du monde périssable en récompense de leurs actions terrestres[200] répond l'ange. Le cheikh lui demande : *Comment les distinguer, alors, les unes des autres ?* En guise de réponse, l'ange l'invite à le suivre pour voir les merveilles de la Toute-Puissance. *Tu vois cet arbre : on l'appelle l'arbre aux houris. Prends-en un fruit et ouvre-le !* Dès que notre héros l'ouvre il en sort une fille ravissante qui lui dit : *Je te suis destinée depuis quatre-mille ans avant la création du monde !* L'ange rajoute que *Dieu a disposé pour ses fidèles, ce que l'œil n'a jamais vu, ni l'oreille entendu, et même ce qui ne leur est jamais venu à l'esprit*[201].

Ibn al-Qârih ne peut se retenir de déplorer, toutefois, la maigreur de cette belle houri. Son vœu inconscient est immédiatement exaucé mais dans l'excès contraire. La croupe de la jeune fille a pris les proportions d'une *dune de sable* ! Épouvanté, il prie Dieu Tout-Puissant de réduire les appas de cette houri callipyge à de plus raisonnables dimensions. Et c'est ainsi, qu'il se retrouve avec la femme de ses rêves.

Après s'être promené si longtemps, il parait bon à Ibn al-Qârih d'aller rendre visite au purgatoire.

---

[200] *Ibid.*, **EP**, p. 118.
[201] *Ibid.*, **EP**, p. 118-119.

Le Dialogue des Morts
Le purgatoire

Juché sur sa monture céleste, Ibn al-Qârih arrive aux confins du paradis où se trouvent des marécages. Un ange l'informe que ce lieu est le paradis des djinns musulmans dont il est question dans le Coran[202].

Il tombe sur un vieillard assis devant une grotte et s'adresse à lui :
J'ai appris que vous êtes des djinns croyants, et je suis venu pour mieux vous connaître, j'aimerais en savoir davantage sur votre poésie dont Marzubani a réuni un recueil sur terre.*
Le vieillard lui répond :
Les hommes sont aussi ignorants en poésie que les bœufs le sont en astronomie ou en géographie ! Les mortels n'ont que quinze mètres poétiques alors que nous en avons des milliers dont ils n'ont jamais entendu parler. Si nous avons des dons supérieurs aux vôtres, c'est que vous avez été créé d'argile et nous avons été créés de feu clair[203].

Le cheikh se décourage de prendre en dictée les milliers de vers que le djinn se propose de lui réciter.
Aujourd'hui je suis assez malheureux pour délaisser les joies du paradis et me mettre à copier les œuvres des djinns, comme si je n'étais pas assez cultivé[204].

---

[202] **Coran**, *op. cit.*, Tome II, LXXII (Les Djinns), p. 721-723.
[203] **RG**, *op. cit.*, p. 120-121.
[204] *Ibid.*, **EP**, p. 122.

Le djinn lui conte alors son histoire :

Je m'appelle Abu Hadrash, et j'ai eu beaucoup d'enfants, certains sont en enfer et les autres sont ici... Comment se fait-il que tu aies les cheveux blancs alors qu'au paradis les bienheureux sont jeunes ?... C'est parce que durant notre vie terrestre nous avions le don de métamorphose et qu'on pouvait se changer en serpent, en moineau ou en pigeon mais ce pouvoir nous est interdit dans l'au-delà.

Durant sa vie terrestre, raconte-t-il, il lui arriva un jour de prendre la forme d'un gros rat pour se glisser dans une maison et posséder une jeune fille. On lâcha les chats contre lui. Pour leur échapper, il se métamorphosa en serpent, puis devint un souffle léger, si bien que ses poursuivants, déconcertés, décidèrent d'abandonner les recherches. Un autre jour, il s'attaqua à une jeune fille sous une moustiquaire qui, terrorisée, tomba en épilepsie. On fit venir des sorciers qui essayèrent des exorcismes sans effet sur lui et il resta agrippé à sa victime jusqu'à ce qu'elle meure. Car sur Terre l'occupation de prédilection des djinns est de passer d'une victime à l'autre en abusant de leur don d'ubiquité. Puis un jour, lassé de ses conquêtes, il finit par se repentir et obtenir sa récompense.

Dieu soit loué qui pardonne mes fautes
et en efface jusqu'au souvenir !
j'ai aimé à Cordoue la fille de mon hôte
et la fille du Fils du Ciel m'a fait plaisir.
Je passais chaque nuit ainsi, de l'une à l'autre,
avant qu'au ciel une lueur ne vînt pâlir.

Enfin ce fut le jour où j'écoutais la bouche
qui, de ma rébellion, fit naître un repentir[205].

Le vieillard, lui apprend que sur Terre, les djinns connaissent toutes les langues des hommes, mais qu'ils ont aussi leur propre langue qu'aucun humain ne connaît. C'est Abu Hadrash qui a appris au djinns la révélation coranique. Et c'est ainsi que des groupes entiers de djinns adhérèrent à l'islam. D'ailleurs, depuis l'avènement de l'islam, aucun de ces djinns convertis ne s'aventure à la Mecque. Cependant, ils continuent à s'adonner à leur passe-temps favori celui de surprendre des femmes mariées dans leur sommeil et de déjouer la garde de leurs maris.

Ibn-al Qârih prend congé du djinn et rencontre en chemin un lion en train de dévorer tout un troupeau d'une centaine de bœufs célestes. *Jadis sur terre, cette bête fauve se contentait d'un seul maigre mouton, qui lui faisait plusieurs jours* pense-t-il. Le lion qui a compris sa pensée lui répond : *Je déchire autant de proies que Dieu me le permet, mais celles-ci ne sentent ni mes crocs ni mes griffes*[206]. Le lion lui dit que durant sa vie terrestre, il reçut d'en Haut l'ordre d'éliminer Otba, le fils d'Abu Lahab*, ennemi juré du prophète, qui passait sur son territoire au cours d'un voyage. Il le surprit endormi au milieu de ses compagnons et le dévora. En guise de récompense, il entra au paradis.

Arrivé enfin à l'extrême frontière du paradis, sur la route de

[205] *Ibid.*, **EP**, p. 124.
[206] *Ibid.*, **EP**, p. 127-128.

l'enfer, Ibn al-Qârih rencontre une femme qui n'est autre que la fameuse Khansâ* la Solamite. *J'ai voulu, dit-elle, voir mon frère Sakhr. Il m'est apparu comme une montagne entourée de flammes et il m'a crié : Tu vois, j'accomplis en enfer la vision que tu as décrite dans tes vers.*

Comme un sommet en feu, que Sakhr serve de phare[207] *!*

[207] *Ibid.*, **EP**, p. 137.

Le Dialogue des Morts
L'enfer

Le cheikh se penche alors pour regarder l'enfer : le diable (Que Dieu le maudisse !) se débat dans des chaînes et des crocs de fer tenu par les Anges justiciers. Ibn al-Qârih se présente et lui dit que sur terre il était homme de lettres et fréquentait la cour des rois.

Piètre métier de crève-la-faim, dit le diable, *même pas bon pour nourrir ta famille ! Et puis, c'est un terrain glissant : combien d'autres, avant toi, y ont laissé la vie ! Tu as eu bien de la chance de t'en sortir, tant mieux pour toi. Mais j'ai quelque chose à te demander et je te serais très obligé de me répondre.* Je ne peux rien pour toi, car Dieu a dit les damnés crieront aux élus :

Répandez de l'eau sur nous, ou quelque chose des biens que Dieu vous a accordés, et les bienheureux leur diront : *Dieu a interdit l'un et l'autre aux incrédules*[208].

Il ne s'agit pas de cela fit le démon, je te demande qu'un ou deux renseignements. D'abord :

Comment se fait-il que le vin vous soit défendu sur la terre et permis dans l'au-delà ? Ensuite je voudrais savoir si au paradis les bienheureux font aux garçons immortels ce que faisaient les habitants des cités maudites.

Horrifié, Ibnal-Qârih s'écrie :

Satan ! Que Dieu te maudisse ! N'as-tu pas assez d'ennuis comme cela ? Et n'as-tu jamais entendu ce que Dieu a dit des élus : Ils auront des épouses purifiées et ils seront

---

[208] **Coran**, *op. cit.*, Tome I, VII, 50, p. 186.

immortels. Cela n'empêche pas réplique le diable : *Au paradis vous ne manquez pas d'autres boissons que le vin*[209] *!*

Ibn al-Qârih fuit et demande où se trouve Bashshâr b. Burd, un poète qu'il estime malgré son impiété, n'a-t-il pas dit :

Satan est supérieur à votre père Adam
Prêtez-moi attention, ô peuple de méchants !
Son essence est le feu : Adam est fait d'argile
Et, plus que le limon, le feu s'élève, agile[210] *!*

Ibn al-Qârih aperçoit un homme en proie à des tourments. C'est Bashshâr, et bien qu'il soit en train de subir toutes sortes de châtiments, le cheikh le presse de questions sur sa vie dissolue, son refus de se repentir et sur des lourdeurs dans ses poèmes. Le poète furieux se met à hurler :
Va-t'en, je n'ai que faire de tes balivernes ! Je n'ai pas de temps à perdre avec toi[211] *!*

Il rencontre alors Imru al-Qays*. En grammairien pointilleux, il attaque le poète damné sur des vétilles. Il récite alors plusieurs poèmes qu'il attribue à tort au poète préislamique. *Ce ne sont là que improvisations sans âme, bâties sur le mètre le plus décrié,* lui répond le fameux poète. Soudain il reconnait Antara*, au milieu des flammes infernales, et l'assomme de questions stupides. Ce dernier, méprisant, lui répond que :

[209] **EP**, *op. cit.*, p. 137-138. **EP**
[210] *Ibid.*, **EP**, p. 139.
[211] *Ibid.*, **EP**, p. 140.

Bien plus que les chasseurs se comptent les lézards
et tout le monde sait reconnaître les arts.

Aucun des autres poètes, qu'il rencontre en enfer, ne souhaite poursuivre la conversation avec lui, sauf Aws b. Hajar qui lui dit : *Et pourtant ! Pourtant, des hommes plus mauvais que moi sont entrés au paradis. Il est vrai que le Pardon de Dieu est un effet imprévisible, de Sa Grâce tout comme la fortune ici-bas.* Il rajoute : *Ne sais-tu pas que la voix des damnés n'est que gémissements et lamentations ? Va donc à tes affaires*[212] *!*

Puis il rencontre al-Akhtal un célèbre poète de l'époque omeyyade qui était l'ami du calife Yazid II*. Il lui demande s'il regrette son impiété et son goût immodéré des débauches et du vin.

Ah que le temps de Yazid était beau ! Je sens encore l'odeur de l'ambre et du jasmin ! Je plaisantais comme un ami avec le calife, qui voulait bien tolérer mes bouffonneries. Que de fois m'a-t-il fait cadeau de robes d'honneur où je me pavanais matin et soir[213].
Puis lui chante son poème :

Khaled, raconte-moi ton histoire à voix haute
car je ne suis pas sûr de garder un secret.
Raconte-moi comment les musulmans d'Ohod
battus par les païens, ont pleuré de regret.
Dis-moi comment 'Ali, le prétendant au trône,

[212] *Ibid.*, **EP**, p. 157-158.
[213] *Ibid.*, **EP**, p. 162.

fut, par Mo'awiya, évincé comme on sait.
Viens me verser à boire un vin qui réconforte,
pressé par les chrétiens des beaux raisins syriens.
Car si nous regardons le siècle avant le nôtre,
on ne voit pas pourquoi on s'abstiendrait de vin.
Le tombeau du Prophète à Médine ? Qu'importe
qu'il soit enseveli là ou ailleurs en vain[214]*!*

Ibn al-Qârih s'en va maudissant le poète : *Maudis sois-tu, Akhtal ! Les poètes du paradis comme de l'enfer, ont oublié leurs panégyriques et leurs élégies, et tu es le seul à n'avoir perdu ni ta mécréance ni ta malice.*

Le diable qui a entendu la conversation dit aux anges : *Je n'ai jamais vu personne de plus incapable que vous ! Vous n'avez donc pas entendu cet homme qui se mêle de ce qui ne le regarde pas ? Vous n'êtes bon à rien ! Si l'un de vous avait eu du courage, il lui aurait sauté dessus et l'aurait traîné en enfer*[215].

Là-dessus, Ibn al-Qârih se met à l'injurier, à le maudire et à se moquer de lui. Le diable lui répond :
Je croyais qu'il ne vous était pas permis d'insulter autrui vous autres fils d'Adam. Il est vrai que vous ne vous gênez pas pour faire ce que vous défend votre conscience, Dieu merci[216].

Le cheikh rencontre alors le poète-brigand Shanfara*, qui ne se plaint guère de son sort. Il attribue sa place en enfer au fait d'avoir écrit :

---

[214] *Ibid.* **EP,** trad. V.M Monteil p. 163
[215] *Ibid.* **EP,** trad. V.M Monteil p. 163
[216] *Ibid.* **EP,** trad. V.M Monteil p. 163-164

Ils se sont égarés, puis se sont repentis.
Il vaut mieux patienter que gémir de dépit[217].

En enfer comme dans la vie, Shanfara est inséparable de son acolyte Ta'abbata. Le cheikh lui demande s'il est vrai que sur terre il s'est uni à des ogresses, ne l'a-t-il pas écrit ?

Je suis le mari des ogresses.
Au désert il ne pleut jamais.
et telle y est la sécheresse
que même une autruche en détresse
doit rester longtemps affamée[218].

L'acolyte lui répond qu'au temps de la gentilité, les poètes racontaient n'importe quoi, car les goules n'ont jamais existé, c'est un pur mensonge.

---

[217] *Ibid.*, **EP**, p. 168.
[218] *Ibid.*, **EP**, p. 169.

Le Dialogue des Morts
Retour au paradis

Ibn al-Qârih, las de ses entretiens inutiles avec les poètes maudits, se met en route vers son palais céleste. Il y rencontre Adam, à qui il attribue ce poème :

Nous sommes les enfants, les hôtes de la terre.
Nous sommes faits de terre et nous lui reviendrons.
Pour nous, terrestres, le bonheur ne dure guère,
mais des nuits de bonheur effacent l'affliction[219].

Adam trouve le poème beau, mais en rejette la paternité, car il affirme ne jamais avoir parlé l'arabe. Ibn al-Qârih insiste et lui rappelle que sa faible mémoire est attestée par le verset coranique (XX) : *Nous avons auparavant fait un pacte avec Adam, mais il oublia et nous ne trouvâmes point en lui de ferme volonté*[220]. D'ailleurs, en arabe, le mot *insân* (homme) vient du mot *nisyân* (oubli). Alors le cheikh qui ne veut pas démordre lui cite un autre vers d'Adam à propos du meurtre d'Abel par Caïn :

Les pays, les villes et les hommes changèrent.
De l'univers la face en cendres se couvrit.
Et lorsque Abel tomba, le front dans la poussière,
c'est un quart des humains qui mourut avec lui[221].

[219] **EP**, *op. cit.*, p. 169.
[220] *Ibid.*, **EP**, p. 170.
[221] *Ibid.*, **EP**, p. 171.

Adam se fâche alors : *Vous me causez, ô mes enfants, bien de la peine*, ces vers ont été écrits par un bon à rien. *Vous avez menti à votre Créateur, à votre Maître, vous avez menti à Adam votre premier père et à Ève votre mère et vous avez menti entre vous*[222].

Ibn al-Qârih le quitte et tombe dans le jardin d'Eden sur un nœud de vipères qui jouent, s'ébattent et folâtrent à l'envi.
Que viennent faire des vipères au paradis ?
N'as-tu jamais entendu raconter l'histoire d'une vipère au cœur sincère qui fut fidèle à son ami humain tant que celui-ci lui fut fidèle[223].
Elle le rencontra dans une verte vallée, à l'abreuvoir des animaux, lui rendit service et l'aida à s'enrichir. Quand ce fut chose faite, l'homme réfléchit à son devoir de vengeance : la vipère n'avait-elle pas tué son propre frère ? Il monta sur un rocher et chercha à la frapper avec une hache, mais il rata son coup et, pris de remords, il offrit son alliance à la vipère. Mais elle vit clair dans son jeu et lui dit : *Nous ne pouvons plus être amis moi à cause d'un coup sur le crâne et toi à cause de la tombe de ton frère.*

Une autre vipère prend la parole à son tour. *J'habitais dit-elle dans la maison de Hassan al-Basri*. Il passait la nuit à réciter le Coran et c'est ainsi que j'ai appris par cœur le Livre Saint du début à la fin. Je l'imitais dans sa diction erronée, mais on ne peut se permettre avec le Coran ces licences poétiques dont les lettrés profanes offrent tant d'exemples*[224]. Amusé, Ibn al-Qârih demande s'il peut rester quelques temps avec la

[222] *Ibid.*, **EP**, p. 172.
[223] *Ibid.*, **EP**, p. 172.
[224] *Ibid.*, **EP**, p. 174-175.

docte vipère pour continuer cette conversation intéressante. La vipère lui dit alors qu'elle peut se débarrasser de sa peau et devenir aussi belle que les houris de l'Eden, et que s'il voulait bien sucer sa salive, il la trouverait supérieure à tout ce qu'il avait connu auparavant. Épouvanté, Ibn al-Qârih s'enfuit à toutes jambes. *Que Dieu me prive des lèvres des belles houris, si je dois baiser cette vipère sur la bouche*[225].

Il continue sa route par les champs et voici qu'il rencontre son amie la houri sortie d'un fruit de leur verger. *Veux-tu me suivre dans les dunes d'ambre et de musc ?* Lui dit-elle. Ils se promènent dans les collines et les sables de l'Eden lorsque la houri lui dit : *Je crois que tu es en train d'imiter Imru al-Qays* :

Je l'emmène. Elle laisse traîner derrière elle,
sur nos traces, sa longue robe de dentelle.
Nous trouvons dans le sable, après l'aire du clan,
un creux bien abrité dans la dune en écran.
J'attire à moi les mèches de ses tempes. Elle
penche ses jambes rondes et sa taille grêle[226].

Tu as vraiment lu dans ma pensée, d'où te vient cette connaissance de la poésie ? Le cheikh se remémore l'histoire des baigneuses racontée par Imru al-Qays. Et Dieu suscite aussitôt des houris aux grands yeux noirs qui jouent dans l'eau d'un des fleuves du paradis. Pour les fêter, Ibn al-Qârih coupe les jarrets de sa chamelle et se régale avec elles d'une viande à la saveur délicieuse.

[225] *Ibid.*, **EP**, p. 178.
[226] *Ibid.*, **EP**, p. 179.

Là-dessus, Ibn al-Qârih rencontre les poètes rimailleurs et se moque d'eux.

Es-tu donc venu ici, pour nous chercher querelles ? Passe ton chemin. Ne sais-tu pas que Dieu a dit (Coran LII) : Ils se passeront au paradis, des coupes au fond desquelles il n'y aura ni propos oiseux ni incitation au péché ? *Eh bien ce que tu dis n'a aucun sens et tu n'as aucune disposition pour la justice*[227].

Le cheikh se souvient alors de la torpeur qui envahit le corps du buveur. Il aimerait l'éprouver mais sans aller jusqu'à perdre connaissance. Il croit alors sentir comme des fourmis dans ses membres et il avance dans le sable en fredonnant ces vers :

Toi qui me blâmes fort, si tu buvais du vin
et sentais picoter les doigts de chaque main,
tu me pardonnerais, car - tu le saurais bien –
j'ai tout à fait raison de dépenser mon bien[228].

Puis il s'étend sur un tapis de soie fine et, sur son ordre, les houris vont le poser sur une couche céleste de topaze où sont fixés tout autour des anneaux d'or. Ainsi, garçons immortels et houris semblables à des perles soulèvent aisément le lit et son occupant qu'ils transportent au palais du cheikh dans l'éternel séjour. En chemin, les arbres l'aspergent d'eau de rose mélangée à de l'eau de camphre et un musc qui n'est pas sécrété par les glandes d'un chevrotain. De toutes parts, les fruits l'appellent : *En veux-tu ? Abu-l-Hassan, En veux-tu*[229] *?*

[227] Ibid., **EP**, p. 181-182.
[228] Ibid., **EP**, p. 182.
[229] Ibid., **EP**, p. 183.

Et s'il a envie d'une grappe de raisin, Dieu la lui fait pour de l'arbre et se présenter à sa bouche. Les hôtes du paradis l'accueillent avec toute sortes de salutations et leur invocation s'achève par : *Dieu soit loué, Seigneur des mondes !* Il en est ainsi dans la vie éternelle car tout est douceur et tout est suave dans le Bienheureux Séjour.

Les deux dernières épîtres du Pardon de Ma‘arrî

Le *Dialogue des Morts* est suivi de deux autres lettres qui font partie intégrante de *L'Épître du Pardon* et couvrent une centaine de pages. Seuls les développements qui nous éclairent sur la religiosité de Ma‘arrî et sa conception de la vie après la mort sont retenus. Le reste est une critique acerbe, souvent très drôle, de la flagornerie, de l'hypocrisie, de la malveillance envers les plus faibles, de la quête des femmes jeunes, des beuveries et de la prétention littéraire nullement justifiée de son épistolaire. Ce petit extrait donne le ton malicieux de cette partie :

Quant aux cinq pèlerinages du cheikh, on espère qu'il se contenta d'un seul. J'espère qu'il n'a pas rencontré là-bas de vieille rusée qui lui propose un mariage temporaire, en lui jurant qu'il n'y a pas de mal à cela[230].

De la Ka'baà j'ai fait sept fois le tour, dit-elle.
Cheikh, voudrais-tu t'unir à moi pour quelque temps ?
Voudrais-tu d'une douce compagne fidèle ?
Qui partage ta couche sans inconvénient[231] *?*

Pour la partie qui nous intéresse, Ma‘arrî commence par faire une analyse historique de l'hérésie en terre d'islam :

[230] **EP**, *op. cit.*, p. 279.
[231] *Ibid.*, **EP**, p. 284.

Quand le Prophète apparut aux Arabes, il les trouva passionnés de poésie et ne s'intéressant à rien d'autre. Pourtant certains le suivirent, Dieu seul connaît le fond de leur cœur ! Mais lorsque l'islam s'étendit aux peuples voisins, que son empire s'installa fermement sur ses bases et que les Arabes se mélangèrent avec d'autres groupes ethniques, ils écoutèrent le langage des médecins, des astronomes et des logiciens, et beaucoup s'éloignèrent de la vérité. L'hérésie est aussi ancienne que l'homme[232].

Selon lui, l'hérésie se développe d'autant plus facilement que le contact avec des peuples aux religions plus anciennes (judaïsme, christianisme, zoroastrisme) et à la dialectique plus affutée (philosophie grecque, théologie juive et chrétienne) met à mal le dogme musulman naissant. Les premiers califes, comme nous l'avons vu, ont perçu avec beaucoup de réalisme ce danger. Malgré l'inquisition et la peine de mort, la *zandaqa*[233] est un mal ancien qui souvent *ronge la peau comme une teigne*, celle-ci n'épargne d'ailleurs pas les califes censés diriger le peuple des croyants.

Ma'arrî déplore que l'homme n'adopte la foi que par suivisme de ses ancêtres et par superstition, car l'homme « supérieur », qui réfléchit et use de sa raison ne peut que questionner les dogmes et les traditions.

Adorer Dieu est chose naturelle. C'est aussi le plus sûr recours. L'enfant qui grandit apprend, de la bouche des

---

[232] *Ibid.*, **EP**, p. 208.

[233] Les *zindiq* ne reconnaissent ni les prophètes ni les Écritures.

adultes, la leçon qu'il conservera toute sa vie. Les moines dans leurs cellules et ceux qui prient dans les mosquées acceptent leur foi comme un message transmis par d'autres, dont ils ne critiquent pas, vrai ou faux, le témoignage. Celui qui est né dans une famille de mages se reconnaît tel, et celui qui est né Sabéen le restera. Si l'homme qui exerce son effort de réflexion personnelle vient à dévier de la saine Tradition, comment pourrait-il triompher des habitudes stupides ? Au contraire, si la raison est prise pour guide, elle étanchera la soif de l'altéré. Mais où donc est celui qui se soumet aux règles de la raison ('aql) et polit à fond son intellect ? Hélas ! C'est justement cette qualité raisonnable qui manque le plus aux vivants sous le soleil et aux cadavres dans leur tombe ! Seul en est excepté l'homme supérieur en tout, qui est unique en son genre[234].

Il mène une charge contre tous les docteurs de la Loi (imams shiites, ulémas, philosophes, mu'tazilites, ash'arites, soufis) même l'imam Jaafar, Ibn al-Rumi, Abu Hanifa* et Ali b. Abi Taleb y prennent pour leur grade. Car ni Ali, ni personne, insiste-t-il, n'a jamais pu dévoiler les mystères de l'invisible comme il est écrit dans le Coran : *Ceux qui sont dans les cieux et sur la terre ne connaissent pas le mystère. Dieu seul le connaît*[235]. Par conséquent tous les exégètes qu'ils soient traditionnistes, rationalistes, soufis ou bénéficiant d'un pouvoir théophanique comme les imams shiites, propagent des fables et sont des menteurs et des imposteurs purs et simples.

[234] *Ibid.*, **EP**, p. 235.
[235] **Coran**, *op. cit.*, XXVII, 65, p. 471.

Non seulement ils sont menteurs mais ce sont des manipulateurs assoiffés de pouvoir. Il cite à ce propos le cas des qarmates shiites au Yémen :

Le Yémen est depuis toujours le pays d'origine des profiteurs de la religion et des charlatans. Des voyageurs m'ont rapporté qu'on y trouve encore des imposteurs qui se font passer pour le résurrecteur attendu au dernier jour. De la sorte ils ne manquent pas de collecter des fonds et de combler leurs plus basses espérances. On m'a dit aussi que les Qarmates ont dans la région une maison d'où leur imam sortirait un jour. Ils gardent même à sa disposition un cheval bridé et sellé devant la porte. Ils disent aux gens simples et naïfs voilà la monture du Mahdi toute prête à le conduire quand il apparaitra pour faire régner la vérité et la justice. Ils ne cherchent évidemment qu'à tromper leur monde pour arriver à leurs fins qui sont le pouvoir et l'imposture[236].

Ma'arrî ne croit ni au paradis ni à l'enfer tels qu'ils sont décrits dans le Coran par les théologiens ou par les sermonnaires populaires.

Vous m'interrogez et je ne sais que répondre,
Celui qui prétend savoir vous ment[237]

L'enfer, lui parait une abomination, si le sort de l'homme est scellé d'avance :

Si le fauteur de crime y est prédestiné,
Alors, le châtier serait un nouveau crime[238].

[236] **EP**, *op. cit.*, p. 221-222.
[237] **LZ**, *op. cit.*, trad. Abdelaziz Kacem, Tome I, p. 53.
[238] **LZ**, *op. cit.*, trad. Hoa Hoi Vuang, Tome I, p 273.

D'autant que le Créateur semble se désintéresser des actions humaines, bonnes ou mauvaises :

Dieu ne s'inquiète pas de ceux qui jeûnent par peur de lui déplaire ou de ceux qui ne jeûnent pas. Parce qu'il ne veut rien imposer à ses serviteurs[239].

L'homme n'a que sa seule raison pour guider sa vie car l'usage correct de la raison doit conduire à la morale.

Quel dommage d'une vie scellée par l'échec ! Que de fois la force d'une science sans guide n'est que celle de l'ignorance ![240].

Mais comme ses contemporains croient dur comme fer à un au-delà tel que décrit dans le Coran et rapporté par les sermonnaires, il leur offre un récit où les délices deviennent burlesques et où les supplices n'engendrent plus l'effroi. Comme son Créateur est miséricordieux et pardonne tous les péchés, Ma'arrî va user du repentir et de l'intercession pour faire accéder au paradis les poètes les plus improbables ou des danseuses de cabaret et tourner en ridicule les dogmes les plus solides de l'islam.

Notre philosophe doit toutefois faire attention. L'inquisition veille sur les écarts. Ma'arrî est soupçonné de faire partie du mouvement de la mu'ârada[241]. Des personnes malintentionnées

[239] **EP**, *op. cit.*, p. 224.
[240] *Ibid.*, **EP**, p. 285.
[241] Mouvement qui consiste à écrire des textes qui se veulent surpasser en beauté et en style le Coran.

ont suggéré qu'il a écrit *Al-Fusûl wa l-ghâyât* dans le but de montrer qu'il peut dépasser le Coran en beauté. Accusation très grave punie de la peine de mort. Aussi Ma'arrî profite-t-il que Ibn al-Qârih évoque Ibn al-Rawandi*, un autre écrivain accusé du même crime[242] pour se disculper :

Ce livre n'a troublé qu'une seule cervelle, celle de celui qui l'a composé. Le livre apporté par Muhammad brille d'un éclat incomparable qui frappe ses adversaires de la foudre. Il n'imite aucun modèle et ne ressemble à rien d'autre, fût-ce à une merveille ; mais ni un long poème en vers, ni le rythme saccadé du chamelier. Cela n'a rien à voir avec le nombre oratoire des Arabes, ni avec la prose rimée divinatoire. C'est comme un soleil éclatant, qui éclaire l'évidence et le secret. Chaque verset s'exprime en parole qu'aucun mortel ne peut surpasser. Il est semblable à une flamme qui luit dans les ténèbres. On dirait des rangées de fleurs dans le désert. Dieu soit béni ! Il est le Créateur[243] *!*

Ma'arrî finit *L'Épître du Pardon* par une note humoristique et une fin de non-recevoir.

Si les nouvelles de ce monde parviennent aux hôtes du paradis, il est probable que les filles qui sont destinées au cheikh dans l'éternité demandent ce qu'il est devenu. On leur répond tantôt qu'il est au Caire, et tantôt à Basra, tantôt à Bagdad et tantôt à Alep. Mais quand sa conversion fut connue Là-Haut, et sa mort édifiante à Alep, grandes furent la joie et la liesse de ses

[242] Ibn-Rawandi a écrit *al-Damigh* (La Réfutation), un ouvrage censé dépasser le Coran.

[243] *Ibid.*, **EP**, p. 240-241.

bonnes amies du Jardin[244].

Que la paix soit avec votre Excellence ! Je salue tout son troupeau, grands et petits. Et je souhaite que vos enfants soient préservés de tout mal[245].

[244] *Ibid.*, **EP**, p. 273.
[245] *Ibid.*, **EP**, p. 306.

Originalité de l'œuvre

L'*Épître du Pardon* ne ressemble à rien de connu dans la littérature arabe. Elle est d'une audace extraordinaire pour son époque et le reste même de nos jours. Elle aborde un thème jusque-là exclusivement réservé aux religieux.

Ma'arrî, en déiste avant l'heure[246], croit en un Dieu créateur, mais face au chaos du monde, il se demande si Dieu ne s'est pas désintéressé de sa création. Il refuse le pèlerinage à la Mecque, ne fréquente pas les mosquées pour prier et jeûne uniquement par conviction personnelle et non pour suivre le culte. Il dénonce la façon mécanique et sans conviction de ses contemporains de pratiquer le culte musulman. Il balaie d'un revers de main tous les préalables cultuels nécessaires pour accéder au paradis (prières, jeûne, pèlerinage, aumône), des préalables pourtant patiemment élaborés et énumérés par l'élite savante.

Car Ma'arrî, dans *L'Épître du Pardon*, fait entrer au paradis musulman des poètes bachiques dont le seul mérite est d'avoir écrit des poèmes appréciés par les élus. Les danseuses et chanteuses sont pardonnées pour leur vie terrestre dissolue alors qu'aucun représentant de l'élite savante de la théologie n'est présent au jardin d'Eden. La Justice divine censée être exemplaire est incompréhensible, si bien que Ma'arrî fait dire au damné Aws Ibn Hajar :

[246] Position philosophique de ceux qui admettent l'existence d'une divinité sans accepter de religion. Ce concept se développe en France et en Angleterre à partir du XVIIe siècle. Voltaire et Jean-Jacques Rousseau sont des déistes connus.

Et pourtant ! Pourtant, des hommes plus mauvais que moi sont entrés au paradis. Il est vrai que le Pardon de Dieu est un effet imprévisible de Sa Grâce tout comme la fortune ici-bas[247]. Ma'arrî va encore plus loin puisqu'il fait entrer dans son paradis des païens notoires pour avoir fait le pèlerinage à la Ka'baà à l'époque où elle enfermait des idoles.

Conscient que l'inquisition le guette, il doit être prudent. C'est parce qu'il ne croit pas aux hadiths qu'il doit se référer en permanence au Coran. Le Coran dit clairement que l'intercession de celui à qui Dieu l'a accordé est possible, et le Prophète est le mieux placé pour cela. Dans *L'Épître du Pardon*, l'intercession du Prophète devient le moyen principal d'accéder au paradis pour de nombreux poètes bachiques, même si leurs œuvres terrestres ne justifient pas un tel privilège. C'est le cas de son personnage principal Ibn al-Qarîh, dont le repentir tardif a suffi. La famille du Prophète est assaillie par les demandes et donne l'impression d'expédier les requêtes, tant elles sont nombreuses.

Bien que le Prophète et sa famille proche (sa fille Fatima, son gendre Ali et son fils Ibrahim) soient au paradis de Ma'arrî, les hommes illustres de l'islam y sont étrangement absents. Son oncle Hamza* ainsi que le père de Fatima et les martyres de l'Islam sont toujours en attente sur l'esplanade du Jugement dernier. On peut toujours argumenter que dans la croyance islamique, le paradis comprend plusieurs cercles selon la foi de l'élu, et Ma'arrî, face à l'inquisition, peut prétendre qu'il s'est contenté de décrire le cercle où était reçu Ibn al-Qarîh,

[247] **EP**, *op. cit.*, p. 157-158.

un musulman dont la foi est douteuse. Mais cette absence des grandes figures de l'islam est bizarre.

Une autre bizarrerie est la vigilance faible des gardiens du paradis, pourtant réputée sans faille. Redwane est facilement trompé par le propre fils du prophète Ibrahim qui projette Ibn al-Qârih par-dessus la muraille alors que le gardien du paradis lui a refusé l'entrée faute de documents valables. Le même Ibn al-Qârih réussit à passer le redoutable *sirât* grâce à l'aide de la servante de la propre fille du Prophète Fatima. Voilà un livre bien irrévérencieux.

Mais Ma'arrî ne s'arrête pas là. Ni le Coran ni la tradition ne prévoient aux femmes croyantes les plaisirs sexuels promis aux élus, et voici qu'il invente une nouvelle catégorie de houri : celle des croyantes acceptées au paradis qui peuvent se transformer en femmes aux grands yeux noirs qui, semblables à des perles, offrent leurs charmes aux bienheureux.

En défenseur de la cause animale, il fait entrer au paradis de très nombreux animaux qui peuvent s'y donner à cœur joie à leurs plaisirs terrestres : dévorer quantité de proies. Ils peuvent même, à l'instar de cette vipère, se transformer en houri et s'unir à des hommes. Comme les fruits, les animaux du paradis sont dotés de parole. Puisque la nourriture est décrite comme abondante au paradis par le Coran, Ma'arrî, végétalien, offre une variété de mets carnés à ses élus. Mais le sacrifice des bêtes qui entrent dans la composition des plats est exempt de douleur, car ils sont ressuscités autant de fois qu'ils ont été consommés.

La vie future, imaginée par Ma'arrî, ne transforme pas radicalement l'homme. Celui qui, sur terre, est un coureur de jupons, trouve dans l'éternité des femmes à profusion, celui qui aime se saouler trouve des rivières de vin. Même les pinailleurs, comme Ibn al-Qârih dont le plaisir est de confondre les poètes avec des vétilles, continuent à le faire, sans parler de ce malheureux qui sur terre manque de lait et qui va ensuite au paradis traire indéfiniment des chèvres, alors que coulent des rivières de lait inaltérable.

Quant aux damnés, les supplices qu'ils subissent ne semblent pas altérer leur raison. Le Diable, pourtant soumis aux tortures, a encore l'impertinence de demander si au paradis les bienheureux font aux garçons immortels ce que faisaient les habitants des cités maudites.

Les élus ne se comportent pas au paradis comme le décrit le Coran : *Ils n'entendront là ni parole futile, ni incitation au péché mais une seule parole : Paix ! Paix !*[248]. Au contraire ils se chamaillent, prêts à en venir aux mains. Ils refusent même les houris que Dieu a créées pour leur bonheur de peur de paraitre ridicules et d'être traités de maris des oies. Le damné Al-Akhtal, contrairement à ce que dit le Coran, ne regrette absolument pas en enfer sa débauche terrestre au temps du Calife Yazid II.

Plus Ma'arrî accumule les bizarreries et les situations grotesques, plus il les accompagne de citations coraniques car

[248] **Coran**, *op. cit.*, Tome II, LVI, 25-26, p. 669.

il sait que l'exercice est périlleux. En réalité le Dieu de Ma'arrî est infiniment miséricordieux, il pardonne toutes les fautes et, s'il n'a pas complètement éliminé le purgatoire et l'enfer, il en a fait des lieux beaucoup moins pénibles que ceux décrits par la tradition et même par le Coran.

Pour rendre le travail de l'inquisiteur malintentionné plus difficile et faire passer ce livre irrévérencieux, Ma'arrî écrit un texte qui ne se laisse pas facilement déchiffrer. Tout est conçu pour rendre sa lecture difficile : le vocabulaire est savant, les mots rares sont légion, le plus souvent empruntés à des dialectes bédouins, les répétitions sont fastidieuses et les citations interminables, des centaines de poèmes s'insèrent au texte, le nom de leur auteur est souvent incomplet, certains sont une création de Ma'arrî. Notre auteur passe du coq à l'âne avec les doubles-sens comme passe-temps favori. Tout contribue à brouiller les pistes.

Si les musulmans peuvent être déroutés par *L'Épître du Pardon,* les Arabes *passionnés de poésie et ne s'intéressant à rien d'autre*[249] sont subjugués par un texte qui atteint un tel degré de perfection que le génie littéraire de son auteur leur fait oublier ses écarts en matière de religion.

[249] **EP**, *op. cit.*, p. 208.

La postérité de l'œuvre

M. Moustapha Saleh* de l'Institut Français du Proche-Orient a réalisé en 1969-1970 une impressionnante biographie critique de l'œuvre de Ma'arrî. Il en ressort que le poète a écrit une centaine de livres dont seuls six nous sont parvenus. Peu de temps après la mort de Ma'arrî, le cadi shiite Fakhr al-Mulk b. Ammar* fonde à Tripoli une université dans laquelle plusieurs œuvres de Ma'arrî ont été constitués en *waqf*[250] et par là même protégées. Le reste a probablement été détruit pendant les premières croisades. Les deux recueils de poésie *Saqt az-zand* et les *Lûzumiyyât* sont probablement connus depuis longtemps. *Saqt az-zand* a même été traduit par Fabricius* en 1638. Le sort de *L'Épître du Pardon* est différent et parait avoir disparu de la mémoire des gens presque depuis sa parution.

La première mention de *L'Épître du Pardon* date de 1897[251], lorsque Abd al-Rahim Ahmad[252] annonce qu'il détient un manuscrit inconnu intitulé *al-Ghufrân* : une trilogie similaire à celle de Dante, mais de facture différente.

En 1899, Nicholson* parle d'un manuscrit qu'il trouve à Istanbul sous le titre de *Risalat az-zafrân*[253] rédigé en 1023,

[250] Dotation de biens destinés à être détenus en toute confiance et utilisés à des fins charitables ou religieuses.

[251] Le Congrès des orientalistes du 5 au 12 septembre 1897 à Paris.

[252] Cité par Mustapha Saleh, dans « Abu l-'Ala' al-Ma'arri, bibliographie critique (II) », Bulletin d'études orientales, Tome XXIII, Paris, Institut Français du Proche-Orient, 1970, p. 202. M. Abd-ar-Rahîm Ahmad a présenté une notice bibliographique de Ma'arrî au Congrès des orientalistes réuni à Paris du 5 au 12 septembre 1897.

[253] Le manuscrit était probablement de mauvaise qualité, Nicholson a cru lire Az-Zafrân (Safran) au lieu de al-Ghuffran (Pardon).

ce qui correspond à peu près à la date de rédaction de *L'Épître du Pardon*. Nicholson commence la traduction de plusieurs chapitres de *L'Épître du Pardon* en 1900 et l'achève en 1902. C'est lui qui exhume cette œuvre qui est restée dans l'oubli pendant neuf siècles ! En 1913, il fait entrer Ma'arrî dans L'Encyclopédie de l'islam.

En 1914, Taha Hussein écrit *Le renouvellement de la mémoire de Abî l-'Alâ'*[254] et fait connaitre la poésie de Ma'arrî dans le monde arabe sans pour autant aborder *L'Épître du Pardon*.

Pendant près de vingt ans, l'engouement pour *L'Épître du Pardon* est distillé. Plusieurs universitaires arabes et européens en publient des extraits[255] et il faut attendre 1943 pour que Brakenbury* publie pour la première fois l'intégralité de l'œuvre en anglais.

1944 sera l'année de Ma'arrî, dont le millénaire de la naissance est commémoré notamment en Syrie, en Égypte et en Tunisie. Mais il faut attendre dix ans pour avoir une version arabe complète de *L'Épître du Pardon* (publiée en 1954) par le Dr. Aisha Abderahmane* (*Bint al-Shâti*), sur la base de son doctorat soutenu en 1950.

Voilà le sort du *chef-d'œuvre incontesté de la prose arabe*, perdu pendant neuf siècles et exhumé par un orientaliste de Cambridge. Il faudra encore cinquante ans pour avoir une version complète en arabe.

---

[254] Taha Hussein, Tajdîd dhikrâ Abi'l-'Alâ', Dar al Maàrif, 1914.

[255] D'après Elisabetta Benigni, Kamil Kaylani, MS Meissa, Fadhil Ben Achour, Hassan az-Zayât et Jorgi Zaydan* semblent avoir eu connaissance de parties de l'œuvre dès 1907 (Elisabetta Benigni, « Dante and the construction of Mediterranean litterary space » in Philological encounters 2, 2017, p. 111-138).

Pourtant, en 2013, lorsque DAESH détruit la statue de Ma‘arrî que le régime syrien a érigé dans sa bourgade natale, un groupe d'intellectuels syriens demande au sculpteur Assam Bacha* de créer une autre sculpture en son honneur. Elle est visible de nos jours à Montreuil en attendant des jours meilleurs : qu'elle revienne à sa place initiale à Ma'arrat al-Numan.

Dante et *La Divine Comédie*

C'est au XIIIe siècle et dans un autre environnement que le Florentin Dante Alighieri écrit *La Divine Comédie.* Si le sujet rejoint celui de *L'Épître du Pardon,* les motivations des deux poètes divergent et le but de ce livre est justement de mettre en lumière ces différences. Pour mieux comprendre ce monument d'érudition et d'imagination qu'est *La Divine Comédie*, il faut d'abord expliquer les sources personnelles, religieuses, littéraires et politiques qui inspirent Dante pour écrire ce poème. Sa vie est riche en événements qui le marquent profondément : son amour pour Béatrice, sa foi catholique, son appétit insatiable pour la poésie et la philosophie mais aussi son bannissement qui le mène à l'exil. Si ces sources paraissent évidentes pour ses contemporains, elles le sont beaucoup moins pour le lecteur d'aujourd'hui, car le long poème est chargé d'évènements, de personnages et de concepts oubliés ou lointains. Je résume ensuite les cent chants en mettant l'accent, au-delà du récit, sur leur sens allégorique et examine la formidable originalité de cette œuvre et l'extraordinaire succès qu'elle connaît depuis sa parution en 1321. J'aborde enfin les raisons qui, malgré la rumeur persistante, différencient fondamentalement *La Divine Comédie* de *L'Épître du Pardon.*

Les sources théologiques

La *Divine Comédie* fixe l'imaginaire de l'au-delà chrétien résultant des débats qui mobilisent tour à tour les pères de l'Église, le milieu monastique et les exégètes chrétiens. Cette évolution, s'opère pendant douze siècles entre l'Antiquité tardive et le XIIe siècle. Il s'agit de tenter de définir la géographie de l'au-delà et d'accrocher le temps terrestre au temps eschatologique, comme le demande avec force le peuple chrétien. En effet, le christianisme demande aux croyants de croire en l'immortalité de l'âme et en la résurrection, il est donc naturel que le peuple des premiers convertis au christianisme, composé de gens humbles à qui l'on demande de sacrifier leur existence dans l'espoir du bonheur éternel, veuille savoir quel sera cet autre monde.

Les chrétiens passent les quatre premiers siècles à débattre sur la nature divine ou humaine du Christ, sur celle de Marie (mère du Christ ou mère de Dieu[256]) et sur le mystère de la trinité, avant de commencer à réfléchir sur le sort de l'homme après sa mort. Ils ne sont pas aidés par la Bible et les Évangiles, peu diserts sur le sujet. Si les pères de l'Église s'accordent sur le Jugement dernier et le Royaume des cieux et l'enfer, il reste maintes choses à définir : les damnés et les élus, les œuvres ici-bas qui méritent récompense ou châtiment, le sort de l'homme entre sa mort et sa résurrection, la nature des royaumes de l'au-delà, les châtiments et les récompenses, en particulier s'ils sont temporels ou éternels, et s'il existe

[256] Chritotokos ou Théotokos.

des peines intermédiaires pour ceux qui ne commettent que de petites fautes. Ce long travail est alimenté par la réflexion des pères de l'Église, par l'imagination des moines et n'est clos qu'au XIIe siècle par le travail des exégètes qui, à partir d'une somme extraordinaire de documents, de visions eschatologiques et d'hypothèses, essaient de concilier ces données avec les Écritures. Ce n'est qu'à partir du XIIIe siècle, avec les conciles de Latran et de Lyon, que les contours du dogme chrétien de l'au-delà commencent à s'éclaircir.

Saint Augustin fixe le péché originel (Ve siècle)

La Bible nous apprend dans la Genèse que Dieu crée Adam de glaise et qu'il façonne Ève à partir de sa côte avant de les placer dans un lieu merveilleux : le jardin d'Eden. Ils y sont exempts de maladies, bénéficient de toutes sortes de nourritures sans avoir à travailler, sont en paix avec tous les animaux dont ils comprennent le langage, ne connaissent aucun vice et vivent, sans honte, tout nus. Dieu leur interdit cependant de manger le fruit de l'arbre de la connaissance du bien et du mal. Mais le Diable séduit Ève, lui dit que cette connaissance lui est accessible et l'entraîne à partager la misérable pomme avec son naïf compagnon. Lorsque Dieu découvre le méfait, sa colère est terrible : il les chasse du jardin d'Eden, les rend mortels, leur inflige la maladie et les oblige à travailler pour gagner leur subsistance. L'homme perd sa candeur et son innocence, il devient mauvais, attiré par le mal, prêt à commettre le péché.

Bien que le Christ ne parle jamais de péché originel, Saint

Augustin* synthétise cette question[257] : il s'agit selon lui d'une malédiction héréditaire qu'Adam et Ève transmettent à leur progéniture. Cette hypothèse façonne la vie terrestre et future du croyant ; pourtant, elle n'est pas admise sans réserve par les premiers chrétiens et les pélagiens s'y opposent farouchement. Pélage* et son disciple Céleste* prêchent que *Dieu a créé Adam et Ève bons, libres et naturellement mortels ; le couple a certes péché mais leur péché était personnel et n'a nullement affecté leurs descendants : les enfants qui naissent sont dans l'état où était Adam avant son péché. Notre libre arbitre est intact et nous pouvons gagner notre salut par nos propres forces sans l'aide de la grâce*[258]. Augustin combat les pélagiens, les poursuit et convoque un concile à Carthage pour les excommunier. Mais, par là même, il laisse la voie libre, car la faute doit être si épouvantable que Dieu doit envoyer son fils souffrir sur terre et être crucifié pour permettre aux hommes de la racheter.

Quelle est donc cette faute dont le croyant doit se protéger pour espérer gagner le paradis ? Saint Augustin définit les sept péchés mortels[259] qui conduisent inévitablement en enfer, au premier desquels il place la luxure. Il ajoute que seuls les chrétiens baptisés peuvent espérer le salut, car ceux qui n'ont pas la foi chrétienne et qui ne sont pas guidés par le Saint-Esprit ne peuvent résister par leur seul libre arbitre à la tentation, et il exclut même du paradis les patriarches de la Bible et les jeunes enfants morts avant d'avoir pu recevoir le baptême. Il

[257] Le péché originel fait partie de l'héritage hébraïque des premiers chrétiens qui sont majoritairement juifs, sémites ou orientaux. Irénée de Lyon, autour de 130, s'exprime déjà sur ce sujet.
[258] Cité par Georges Minois, *Les Origines du mal*, Paris, Fayard, 2002, p. 77.
[259] La luxure, la gourmandise, la paresse, l'avarice, la colère, l'envie et l'orgueil.

reste à définir les lieux de l'au-delà, en particulier l'enfer et le paradis. La définition de l'enfer s'avère plus simple parce que sa représentation est une constante de toutes les civilisations.

L'invention de l'enfer chrétien (Ve-VIIe siècles)

L'enfer chrétien est hérité d'une longue tradition d'enfers ayant existé dans des civilisations antérieures et dont le peuple a une certaine connaissance. Avant la naissance de l'écriture, les sociétés polythéistes vivent généralement dans une situation économique de pénurie, mais en symbiose avec le milieu naturel. Ils punissent, à leur mort, les personnes inutiles à la collectivité, comme celles qui refusent les rites initiatiques nécessaires à la cohésion et à la survie du groupe. Les premiers textes concernant l'enfer viennent des tablettes akkadiennes (1900 ans avant notre ère). Ils content le dialogue de Gilgamesh* avec son ami Enkidu, remonté des enfers. Il y rencontre des personnes qui n'ont pas de sépulture (accidentés, noyés, morts en guerre) ou dont la mort n'est pas considérée comme normale (femmes mortes en couches, filles nubiles mortes vierges, prostituées mortes de maladie). Ces personnes se retrouvent dans un endroit lugubre, mais ne sont pas torturées. Aigries, elles ressassent leur amertume et deviennent leurs propres bourreaux. La connaissance de l'enfer égyptien vient du *Livre des morts**. Après la mort, l'âme accomplit un long voyage avant d'arriver à son lieu de jugement. Les actions terrestres (souvent liées au fonctionnement des travaux agricoles, aux règles d'irrigation ou au culte des dieux) déterminent les damnés qui finissent entassés dans des espaces étroits où règne une grande puanteur : ils gémissent, marchent sur la tête, sont dépecés, bouillis, disloqués, jetés dans des étangs de feu ou dévorés par Ammit*. L'enfer égyptien apparait comme un domaine où sont régulièrement anéanties les forces qui créent le chaos en s'opposant à l'ordre cosmique.

Plus près de nous, l'enfer comme lieu de punition est étrangement absent de l'Ancien Testament. Pour les Hébreux, et pendant très longtemps, tout semble se terminer à la mort. Les âmes mortes sont couchées au Shéol : elles gisent dans la poussière, immobiles, insensibles, inconscientes et sans aucun espoir de résurrection. Pendant la période prophétique du premier Temple de Jérusalem, l'idée de la responsabilité individuelle progresse. Ézéchiel* déclare : *Le fils ne va pas souffrir des fautes du père, ni le père souffrir des fautes du fils. La justice sera imputée au juste et le crime au criminel*[260]. Cependant, le monde hébraïque met beaucoup de temps à admettre l'enfer : *Que tu vives dix ans, cent ans, mille ans, au shéol on ne te reprochera pas ta vie*[261]. L'enfer éternel est évoqué pour la première fois en 160 av. JC. dans le Livre de Daniel* : *Parmi ceux qui dorment au pays de la poussière, beaucoup se réveillent, les uns pour la vie éternelle et les autres pour la honte et pour l'horreur éternelle*[262]. La littérature apocryphe du judaïsme[263] apparait un siècle avant l'avènement de Jésus et développe les premiers thèmes de l'enfer (séparation dans le shéol des compartiments des bons et des méchants, attente

[260] La Bible (Bible), Paris, Bayard, 2001, Ezéchiel, XVIII, 20-22, p. 961.
[261] Ibid., Siracide, XLI, 4.
[262] *Ibid.*, Daniel, XII, 2, p. 1725.
[263] Tels que le Livre d'Hénoch, les Psaumes de Salomon, l'Apocalypse de Baruch et le Quatrième Livre d'Esdras*.

du Jugement dernier, retour des bons au jardin d'Eden et premières descriptions d'un enfer lieu de châtiments).

C'est le courant essénien[264] qui représente le mieux ce virage du judaïsme concernant le devenir de l'homme après sa mort. Flavius Josèphe*, en fin observateur des juifs à l'époque de Jésus, décrit ainsi leurs croyances : *Les bons sont rendus meilleurs en cette vie par l'espérance d'être heureux après la mort et les méchants, qui s'imaginent pouvoir cacher en ce monde leurs mauvaises actions, en sont punis en l'autre par des tourments éternels.* Malgré cette évolution chez les Hébreux, on est frappé à la lecture du Nouveau Testament de l'extrême rareté du thème de l'enfer. La seule allusion qui y apparait est une hypothétique descente de Jésus au Royaume des morts entre le Vendredi saint et le dimanche de Pâques. L'expression *descente aux enfers* n'est utilisée pour la première fois qu'en 359 par Marc d'Aréthuse*.

Entre le IIe et le IIIe siècles, de nombreux écrits apocryphes précisent les points laissés obscurs par le Nouveau Testament. L'Apocalypse de Pierre* décrit de nombreux supplices. L'Apocalypse de Paul* décrit ces supplices de façon encore plus détaillée, Dante s'en inspire d'ailleurs. Au IVe siècle, les actes de Pilate* relatent en détail la descente du Christ en enfer, mélangeant éléments grecs et chrétiens. Dans ces textes apocryphes, rédigés à un moment où les chrétiens sont

[264] Le courant essénien est un mouvement du judaïsme de la période du Second Temple (à partir du IIe siècle av. JC.). Les Esséniens vivent en dehors des villes, qu'ils considèrent comme des lieux de perdition. Ils se distinguent des autres courants juifs par leur piété et leur dénuement. On les connaît grâce aux manuscrits de la mer Morte (*Qumran*). Les deux autres courants étaient les Sadducéens et les pharisiens.

persécutés, le désir de revanche n'est pas étranger à cette abondance de supplices. Tertullien*, par exemple, pense que le bonheur des élus est accru par le spectacle de la souffrance des damnés.

C'est donc à partir de ces maigres bases que la tradition chrétienne édifie un énorme édifice infernal dans un but à la fois moral, pastoral et dogmatique. Les premiers pères de l'Église doivent juguler certains débordements doctrinaux. Clément d'Alexandrie* qualifie le feu infernal de métaphore du remord des damnés. Origène*, son disciple, pense qu'un lieu de souffrances éternelles est incompatible avec la miséricorde divine. Saint Ambroise*, quant à lui, considère que l'enfer a une valeur curative, mais disparait lorsque les méchants sont purgés de leur mal. Saint Jérôme* traduit mieux les idées des églises primitives : si sur le plan doctrinal il n'est pas loin des thèses d'Origène, il pense cependant qu'un enfer, châtiment suprême pour les méchants, est utile pour maintenir les fidèles dans le droit chemin. Saint Cyprien* envisage avec jubilation l'enfer comme une vengeance contre ses persécuteurs. Pour beaucoup de pères de l'Église de cette époque, l'enfer commence juste après le Jugement dernier. Au IVe siècle, Saint Chrystome* maintient que l'enfer physique attend tous les païens sans exception car ils ne sont pas rachetés par le baptême. C'est Saint Augustin qui, au début du Ve siècle, formule la conception qui perdure de l'enfer chrétien : tous les païens, les enfants non baptisés et tous les chrétiens qui s'obstinent dans le péché vont en enfer, qui commence au Jugement dernier. Saint Grégoire* affirme qu'avant la venue du Christ, il est normal que tout homme, à sa mort, tombe en enfer, puisque c'est le Christ qui vient ouvrir les portes du paradis. Cependant, selon lui, l'enfer est alors constitué de deux zones : un enfer supérieur correspondant aux limbes des pères, et un enfer inférieur où est tourmenté l'injuste. L'épreuve du pont permet de distinguer l'élu du damné, car si un injuste veut le traverser et rejoindre les limbes, il tombe dans un fleuve ténébreux et fétide.

Le paradis chrétien a du mal à émerger

L'idée du Paradis, pendant cette période initiale qui couvre la fin de l'Antiquité tardive jusqu'au bas Moyen Âge, est plus longue à éclore. Le Livre d'Hénoch* évoque pour la première fois le retour des bons au jardin d'Eden. Pour les croyants, le paradis s'identifie très vite à ce paradis terrestre momentanément perdu et non un paradis lointain dans les cieux. Ce paradis eschatologique, où l'élu connaît la vision de Dieu, met beaucoup de temps avant d'émerger.

Trois brefs passages de la Bible décrivent le paradis terrestre :

Yhwh plante un jardin / vers l'Orient en Eden / il y place l'Adam qu'il a fabriqué / Yhwh Dieu fait sortir du sol tous les arbres / vision appétissante /nourriture délicieuse / Au milieu du jardin il y a / l'arbre de la vie / et l'arbre de l'expérience du bon et du mauvais / un fleuve sort d'Eden pour arroser le jardin / et de là se divise en quatre / un des fleuves s'appelle Pichôn[265] */ il embrasse tout le pays d'Hawila*[266] */ où se trouve*

[265] Le jaillissant.
[266] En Arabie.

l'or / Avec cet or si bon / le bdellium et le lapis-lazuli / un deuxième fleuve s'appelle Guihôn[267] */ et ceinture tout le pays de Koush*[268] */ Le troisième s'appelle le Tigre / et descend à l'est d'Assour / Enfin le quatrième c'est l'Euphrate*[269].

Tu étais le modèle des modèles, toute sagesse et toute perfection. Tu étais en Eden, le jardin de Dieu, couvert de toutes les pierres précieuses : rubis, topaze et diamant ; chrysolite, onyx et jaspe ; saphir, escarboucle et émeraude. D'or était travaillés tes fifres et tes tambourins, tout a été mis en place au jour de ta création je t'ai donné un ange Kerouv d'élite pour te garder. Tu te tenais sur la montagne sainte de Dieu, allant et venant au milieu des braises. Tu as suivi une voie exemplaire depuis ta création jusqu'à ce qu'on trouve en toi l'injustice[270].

Au bord du torrent, sur ses deux rives, pousseront toute sorte d'arbres fruitiers ; leur feuillage ne se flétrira pas, leurs fruits ne s'épuiseront pas. Ils donneront chaque mois de nouveaux fruits car l'eau sort du sanctuaire : les fruits serviront de nourriture et le feuillage de remède[271].

Quatre siècles plus tard, Saint Basile* en offre une description plus précise :

C'est un lieu idéal, un espace de sécurité, un décor admirable et splendide, dominant le reste du monde, pourvu de toutes les richesses de la création, baignant dans un air infiniment

[267] Le bondissant.
[268] La Nubie.
[269] Bible, *op. cit.*, Genèse, II, 8-14, p. 36-37.
[270] *Ibid.*, Ézéchiel, XVIII, 13-15, p. 977.
[271] *Ibid.* Bible, Ézéchiel, XLVII, 12, p. 1006.

limpide, favorisé toute l'année d'une température égale et douce, ne connaissant ni tempête ni orage ni grêle ni glace hivernale ni sècheresse automnale. L'été ne fanait pas les fleurs et les fruits venaient tous à maturité. C'est une terre fertile où coulent le miel et le lait, arrosée par une eau abondante, produisant toutes sortes de fruits comestibles d'une suprême douceur. Les près étaient toujours en fleurs et la rose sans épine. De ce lieu béni toute tristesse et tout souci étaient absents. Avant la chute, dans le jardin d'Eden, tout était bonheur, immortalité, couleur et parfum.

Saint Éphrem* ajoute : *Dans l'enclos, les figuiers silencieux, les demeures lumineuses, les sources parfumées. Le sombre février rit comme mai, décembre est comme août, juin comme avril. Des fleurs jaillissent partout, l'air est virginal et transparent, des sources de jouissances arrosent une terre féconde où l'on dispose en abondance de vin et de lait, de miel et de beurre. Les arbres manifestent une fertilité sans terme.*

Selon l'Apocalypse de Jean*, le jardin d'Eden se situe sur une montagne, il est entouré de murs de pierres précieuses. Pendant dix siècles, durant tout le haut Moyen Âge et jusqu'à la Renaissance, une croyance tenace, alimentée par le pape, ses évêques et ses prêtres, veut que le jardin d'Eden subsiste sur terre. Entouré de murailles de feu et défendu par un chérubin armé d'un glaive, son accès aux hommes serait cependant devenu impossible depuis la chute. Il serait situé quelque part en Orient, où prennent leurs sources le Tigre et l'Euphrate. Le Pishôn et le Guihôn sont maintenant identifiés au Nil et au Gange. On croit qu'il serait possible de trouver dans ces fleuves l'or et les pierres précieuses existant en abondance dans l'Eden, comme l'atteste la Bible, et remonter ainsi aux environs immédiats de ce paradis devenu inaccessible. Le climat y serait tempéré, et la plupart des exégètes le situent en haut d'une montagne, puisqu'il aurait échappé au déluge. D'autres, nourris du mythe païen des îles fortunées, croient qu'il se trouve dans quelque île tropicale où abondent les fruits mais aussi les oiseaux, et particulièrement les perroquets, qui ont gardé le don de la parole de l'époque bénie. Pendant plusieurs siècles, de nombreux explorateurs, parmi lesquels Christophe Colomb, pensent* découvrir les abords de ce jardin d'Eden, encouragés par les récompenses promises par les monarques ou par le Pape. Toutes les cartes du monde, élaborées dans les ateliers monastiques, mentionnent au milieu des océans hostiles le jardin d'Eden.

Mais les recherches du jardin d'Eden sur Terre échouent, et l'on finit par déplacer le vrai paradis aux cieux. Comme il est communément admis au Moyen Âge que seuls les hommes exempts de tout péché peuvent être admis au royaume des cieux, la notion d'un homme entaché d'un péché - aussi petit soit-il - est incompatible avec l'idée qu'il puisse bénéficier de la béatitude. Il faut donc que ces petits péchés soient purgés avant le Jugement dernier. Une sorte de jugement préalable après la mort est nécessaire pour distinguer l'homme n'ayant commis que des péchés mineurs : ainsi, il pourra purger ces péchés entre sa mort et sa résurrection pour se présenter pur au jour du Jugement dernier. C'est la naissance du purgatoire, qui permet de différencier le paradis céleste du jardin d'Eden.

Dante place le paradis terrestre au sommet du purgatoire comme un lieu de transition où l'homme, après avoir purgé ses péchés, peut laver son âme dans les eaux du Léthé et de l'Eunoé[272] et ne se rappeler que de ses bonnes œuvres pour arriver en état de pureté au paradis céleste.

Les prémices du purgatoire

Beaucoup d'écrits et de visions préparent à cette naissance du purgatoire. Le Livre d'Hénoch, considéré apocryphe, est écarté de la Bible hébraïque. Il est probablement écrit entre les IIIe et le IIe siècles avant JC. Seule l'Église orthodoxe éthiopienne le reconnaît. Dans ce livre, Gabriel informe Hénoch que dans le Shéol, les morts sont répartis entre plusieurs cavités selon la culpabilité ou l'innocence de leur âme dans l'attente de leur jugement, et qu'il existe une gradation des peines en fonction des mérites. Le Livre d'Esdras*, autre apocryphe hébraïque, écrit probablement vers 120 av. JC., évoque ceux qui respectent les voies du Très-Haut et qui échappent au corps corruptible pour recevoir l'univers plein d'espace. L'idée que certains péchés sont quotidiens, légers et habituels est saisie dès le départ par certains pères de l'Église, notamment Saint Augustin et Saint Grégoire*. Pourtant, elle n'aboutit que beaucoup plus tard (vers le XIIe siècle) à l'idée selon laquelle ces péchés mineurs seraient véniels, donc pardonnables. L'Apocalypse de Paul, texte apocryphe chrétien du IVe siècle, distingue l'enfer supérieur et l'enfer inférieur. Les peines infernales y sont décrites avec précision et les damnés sont identifiés et classés. Ce texte condamné par Saint Augustin

[272] Fleuve imaginaire du purgatoire inventé par Dante.

a une grande influence sur Dante. Tous ces textes suggèrent qu'il existe différents types de damnés et d'enfers. Tertullien parle du *refrigerum interim* où certains morts subissent une épreuve purifiante parce que punitive et expiatrice, et qu'elle dure jusqu'à la résurrection.

Comme les chrétiens ont pris très tôt l'habitude de prier pour leurs morts, une autre croyance s'ancre progressivement dans leur esprit : que ces prières sont utiles pour aider ceux qui ont commis des petits péchés à les purger plus rapidement. En 203, en pleine persécution romaine, Perpétue est condamnée à mort à Carthage avec d'autres personnes, dont Dinocrate. Dans un premier rêve, elle voit Dinocrate sortant des ténèbres tout brûlant et assoiffé. Portant une plaie au visage, se trouve devant lui un bassin d'eau placé si haut qu'il ne peut l'atteindre et étancher sa soif. Perpétue prie pour lui tous les jours. Quelques jours plus tard elle rêve de nouveau et voit Dinocrate bien vêtu et rafraîchi, sa plaie cicatrisée et le bassin d'eau abaissé pour qu'il puisse y boire. Elle se réveille et comprend que Dinocrate a été soustrait à sa peine. Cette vision d'une martyre chrétienne contribue fortement à renforcer l'idée qu'un chrétien digne d'obtenir son pardon peut être sauvé grâce aux prières des vivants[273].

Clément d'Alexandrie et son élève Origène, fortement imbibés de culture grecque, retiennent que les punitions infligées dans l'Hadès ne sont pas punitives mais un moyen d'éducation et de salut. Pour Clément d'Alexandrie, *Dieu n'exerce pas de vengeance car la vengeance est de rendre le mal pour le mal.*

[273] De quel livre on tient l'histoire Perpetue et Dinocrate.

Or il ne châtie qu'en vue du bien. C'est le premier à distinguer deux catégories de pécheurs : ceux qui sont amendables subissent un feu éducatif qui sanctifie, un feu prudent et intelligent qui pénètre l'âme et passe à travers, tandis que les pécheurs incorrigibles subissent un feu dévorant et consumant à l'image du feu de forge. Origène est excommunié car il a professé qu'il n'existe pas de pécheur si mauvais qu'il ne puisse en fin de compte se purifier complètement et finir au paradis, insinuant que l'enfer est temporaire. Saint Ambroise exploite cette idée et affirme que le feu purificateur est douloureux mais dure un temps proportionnel à la lourdeur de la faute. Selon lui, les prières des vivants sont efficaces pour soulager les défunts. Augustin nuance cette idée : il affirme que les prières (suffrages) ne sont pas utiles aux damnés ayant commis des péchés mortels, qui seraient voués éternellement à l'enfer. Il est plus hésitant quant au feu purgatoire mais affirme que, pour les hommes qui peuvent être sauvés, seules les prières des hommes d'Église sont utiles. Pour être sauvé par ce feu purgatoire, l'homme doit avoir uni dans sa vie terrestre foi et œuvres.

Les visions monastiques de l'au-delà (VIIe – XIIe siècles)

Durant le Haut Moyen Âge, alors que l'Église continue d'affiner sa vision de l'au-delà, les moines multiplient des récits et des révélations de voyages en enfer d'hommes très souvent issus de leurs rangs. Ces visions infernales monastiques envahissent la scène religieuse. Césaire d'Arles*, Bède le vénérable*, Saint Boniface*, Saint Brandan*, Saint Grégoire, pour n'en citer que quelques-uns, racontent des histoires de moines enjambant des fournaises et observant les châtiments (plomb fondu, grand froid, boue de poix, puanteur, damnés embrochés, etc.) endurés par des damnés ou des ennemis historiques du christianisme (Hérode*, Pilate*, Caïphe*).

Dante s'inspire des visions monastiques de cette période, notamment du récit de Charles Legros* (Xe siècle) où il est question de fleuves bouillants de poix et de soufre, de dragons, de scorpions et de serpents de diverses espèces. Ces récits racontés lors des prêches et des sermons ont pour vocation de susciter la peur et de maintenir les fidèles dans le droit chemin. Pourtant, la peur suscitée conduit parfois au découragement, d'autant que les moines laissent entendre que rares sont ceux qui échappent aux châtiments : *L'invention du Purgatoire permet de redonner de l'espoir aux fidèles tout en renforçant considérablement le rôle de l'Église*[274].

En Espagne, Tajón de Saragosse* pense qu'on peut être sauvé par le feu si on élève sa vie sur un fondement de bois, de foin et de paille (comprendre des péchés minimes que le feu consume) et non sur du fer, de l'airain ou du plomb (péchés majeurs que le feu ne peut consumer). Par ailleurs, l'homme qui commet des péchés minimes n'obtient la purgation que s'il la mérite dans sa vie terrestre par de bonnes œuvres. Julien de Tolède* affirme que les hommes ayant commis des péchés minimes tels que le bavardage, le rire ou l'attachement excessif aux biens, peuvent être purgés par un feu terrible uniquement s'ils le méritent par leurs bonnes actions. En Europe du Nord, les petits péchés sont définis comme l'usage inutile du mariage

[274] *La naissance du purgatoire* ***(NP),*** Jacques Le Goff*, Gallimard, 2014.

légitime, l'excès de nourriture, la colère poussée jusqu'aux excès de langage, l'assistance négligente aux oraisons et le trop grand abandon au sommeil. Bède le vénérable revient sur les condamnés au feu purgatoire et affirme avec force la puissance des suffrages des vivants sans toutefois décrire ni la localisation ni les peines purgatoires.

Au Xe siècle, l'ordre de Cluny institue la commémoration des défunts le 2 novembre, le lendemain de la fête de tous les saints. Le prestige de cet ordre dans la chrétienté est tel que bientôt la fête des morts est célébrée partout. Les suffrages deviennent un rite et une source de revenus considérable pour l'Église.

L'au-delà chrétien se précise (XIIe et XIIIe siècles)

La chrétienté latine connaît son apogée au XIIe siècle. La réforme grégorienne (1085) renforce le rôle de l'Église dans la société. Malgré la résistance des empereurs germaniques qui se considèrent comme des représentants de Dieu sur terre, le pape obtient la nomination exclusive des clercs et des évêques et affirme son indépendance. L'Église peut finir de mater à sa guise les hérésies (cathare, lombarde et bogomile). Les croisades, qui mobilisent fortement les seigneurs, tirent à leur fin. La féodalité s'organise et devient plus efficace. Les seigneurs structurent une partie de leur fief en tenures[275] en vue d'une meilleure exploitation des terres. L'agriculture, qui bénéficie de progrès techniques[276] et d'un meilleur entretien des infrastructures[277], connait un développement considérable. Le surplus agricole suscite un formidable développement urbain. Les villes

[275] Concessions précaires.
[276] Charrue, charrette, fer à cheval cloué et traction par bœufs et chevaux.
[277] Les serfs sont tenus d'entretenir gratuitement puits, ponts, fossés et chemins.

abritent une classe nouvelle d'artisans et de commerçants qui y construisent des églises et des cathédrales[278], le commerce se développe. Les ordres mendiants[279] s'y installent et des universités, gérées par l'Église, y voient le jour[280]. La société est désormais divisée en trois ordres : les prêtres dominent l'ordre social, ils prient et rappellent que les valeurs religieuses et éthiques sont supérieures à toute hiérarchie sociale ; ils sont suivis par les nobles qui combattent, et enfin par la masse laborieuse rurale et urbaine qui travaille.

Dans ce contexte, les théologiens commencent à élaborer le droit Canon et décident de revisiter l'au-delà. Dans son *Décret,* Gratien* classe l'humanité en quatre catégories (de bons et de méchants). Hugues de Saint-Victor*, chanoine parisien, décrit l'enfer comme lieu des tourments et le ciel comme lieu des joies. Ceux qui quittent cette vie, coupables de certaines fautes, bien qu'ils soient justes et destinés à la vie éternelle, sont torturés un temps afin d'être purgés. Pierre Lombard* distingue plusieurs degrés de méchanceté et suggère des peines infernales différenciées. Le degré de gravité des péchés évolue, avec la montée de la chevalerie et du commerce : l'orgueil et la cupidité passent au premier plan. Le Jugement dernier devient un procès en bonne et due forme, les apôtres et les anges y assistent, Saint Michel* pèse, Saint Jean* et Marie intercèdent. Au XIIIe siècle, on commence à faire la distinction entre les péchés véniels et les péchés mortels.

Le rôle de l'Église s'accentue : la confession devient obligatoire et le sacrement de pénitence absout les pécheurs. Honorius

[278] Notre-Dame (1163), Bourges (1195), Reims (1211), Milan (1386), Beauvais (1225).
[279] Franciscains, Dominicains et Augustins.
[280] Bologne (1150), Oxford (1156) La Sorbonne (1257).

d'Autun* définit les peines : feu, froid, serpents, puanteur, bruits assourdissants, ténèbres, honte, démons, chaînes. Bernard de Clairvaux*, quant à lui, donne une vision spatiale de l'au-delà et distingue un enfer inférieur (la géhenne), un enfer intermédiaire (le purgatoire) et un enfer supérieur (les limbes), où sont les âmes innocentes qui n'ont pas connu le baptême. Saint Thomas d'Aquin* fait état de deux types de souffrances : la peine du dam (qui consiste à être séparé pour toujours de Dieu) et la peine des sens. Selon lui, les enfants et les païens qui ont pour seule tache le péché originel vont aux limbes où ils ne souffrent que de la peine du dam.

Juste avant l'arrivée de Dante et de l'écriture de *La Divine Comédie*, l'Église catholique commence à tenir les clés de l'au-delà. En 1201, le pape Innocent III* confirme les peines du dam et des sens. En 1274, le concile de Lyon se prononce pour l'éternité des peines. Mais le point final vient de l'extérieur, car *La Divine Comédie* clôt tous ces tâtonnements. Dante donne corps à l'enfer, au purgatoire et au paradis, en définissant leurs territoires respectifs. Il représente les damnés et les bienheureux avec un tel réalisme et explique le chemin du salut si clairement que le peuple chrétien comprend finalement ce qui l'attend dans le monde futur et oublie les querelles subtiles qui traversent les Églises d'Orient et d'Occident sur l'au-delà et dont il n'a reçu que des échos : *La Divine Comédie* rassemble.

Les sources poétiques et philosophiques

À la fin du XIIIe siècle, un courant poétique naît en Italie du Nord. Dante lui donne le nom de doux style nouveau (*dolce stil novo*). Ce courant consiste à écrire des poèmes d'amour courtois en toscan, à la manière des Siciliens et des Provençaux. La femme « au cœur noble », à qui tout poète stilnoviste dédie son poème, devient une sorte d'ange qui agit comme intermédiaire de Dieu pour l'aider à s'élever et racheter ses péchés. Le poème, de structure complexe, puise ses références dans la philosophie et la théologie. C'est le Bolognais Guido Guinizelli* qui initie ce mouvement. Très vite, un groupe de jeunes aristocrates de Florence extrêmement cultivés adoptent le *stil novo* et se lancent dans des joutes poétiques (*tenzoni*). Guido Cavalacanti* en est le chef de file et invite son ami Dante à les rejoindre. Le jeune Dante excelle dans cet art et ne doute pas qu'un jour il dépassera ses maîtres :

Ainsi un Guido a pris à l'autre
la gloire du langage ; mais peut-être est né
celui qui chassera l'un et l'autre du nid[281].

Très jeune, Dante tombe éperdument amoureux de Béatrice. Il écrit un premier livre sur elle qu'il finit par cette phrase : *Où je vis ces choses qui me furent décidées de ne pas en dire plus sur cette dame bénie qu'au point où je pouvais*

[281] **DC**, *op. cit.*, Purgatoire, Chant XI, p. 237.

traiter d'elle dignement[282]. Il tient sa promesse en lui dédiant *La Divine Comédie,* un immense poème en langue vulgaire où son chemin du salut est couronné par sa rencontre avec Béatrice qui le guide au paradis. L'amour platonique de Dante pour Béatrice est un moteur puissant dans l'élaboration de ce chef-d'œuvre de facture stilnoviste.

Pour inventer son enfer, son purgatoire et son paradis, Dante puise dans son immense culture gréco-romaine : les gardiens[283] et les fleuves de l'enfer dantesque, mais d'autres personnages qui peuplent *La Divine Comédie*[284] sont puisés dans la mythologie grecque. Il y rencontre entre autres Ulysse* et Pasiphaé*, la femme de Minos*. Dante emploie la philosophie et la mythologie pour illustrer son récit. Même s'il retient les sept péchés capitaux établis par l'Église, il les classe par ordre de gravité selon l'ordre d'Aristote dans son *Éthique* (incontinence, bestialité, ruse). La référence la plus évidente reste Virgile, immense poète qui a écrit *L'Énéide*, un poème où il conte le voyage d'Énée* qui fuit Troie, détruite par les Grecs, pour rendre visite et honorer son père Anchise dans l'autre monde. Sous la conduite de la Sibylle*, il descend aux enfers et rencontre son père aux champs Élysées. Ce dernier lui présente Marcellus, neveu de l'empereur Auguste*, dont la mort prématurée plonge l'ensemble de l'Empire romain dans le deuil. Énée rejoint ensuite les rives du Tibre où il souhaite établir sa ville. Face à l'hostilité des populations, le Tibre

282 Dante, Œuvres complètes (OC), Paris, Le Livre de Poche, 1996, Vita Nova, XLII, p. 84.

283 Minos, Géryon, Caton, Phlégias, le Minotaure, les Érinyes etc.

284 Pasiphaé, Nessus, Chiron, Pholus, Nemrod, Hypsiphyle, Jason*, Myrrha et Ulysse etc.

suspend son cours. Avec son bouclier forgé par Vulcain, sur lequel sa mère Vénus a gravé l'histoire du peuple romain, il finit par vaincre Turnus* et apaise la colère de Junon*. Les Troyens réconciliés avec les Latins forment dorénavant un peuple uni : la nation romaine. Ce poème est une ode à la gloire d'Auguste, vainqueur de Marc Antoine* et Cléopâtre*, unificateur de l'Empire romain d'Orient et d'Occident dans le cadre de la *Pax Romana*. Rome est bâtie avec l'assentiment des Dieux qui viennent au secours d'Énée. Voilà un thème cher à Dante : un empire prospère et stable sous la protection divine.

Bien que les références au monde musulman soient peu nombreuses dans *La Divine Comédie* (la Cité de Dité[285] apparait comme des mosquées en feu, Mahomet, Ali, Saladin*, Averroès et Avicenne*), de nombreux commentateurs soulignent cependant des sources islamiques. À la fin du XIIe siècle, les savants catholiques s'intéressent au monde musulman et arabe. Pierre Le Vénérable*, abbé de Cluny, fait traduire le Coran. Michel Scott*, qui a travaillé pour la cour de Tolède et de Fréderic II* de Sicile, traduit en 1230 l'œuvre d'Averroès. L'averroïsme est très vite enseigné à Paris par Boèce de Dacie*, Siger de Brabant* et plus tard par Jean de Jandun*. Ce courant est critiqué par Albert le Grand* et Saint Thomas d'Aquin, qui dénoncent la doctrine averroïste de l'Intellect agent unique pour tous les hommes. Dante, qui a lu Averroès et Ibn Bajja (Avempace)*, est attiré par leurs idées et suit de très près ces débats. Il fait figurer dans *La Divine Comédie* Pierre le Vénérable, Averroès, Siger de

[285] Ville imaginaire que Dante a inventé pour L'Enfer.

Brabant, Albert le Grand et Saint Thomas d'Aquin. Alphonse X*, roi de Castille et de León entre 1221 et 1284, est un souverain éclairé féru d'astrologie et grand admirateur de la culture arabo-musulmane. Il s'entoure de savants, écrivains et traducteurs judéo-musulmans et fait traduire de nombreux livres dont *Kalila et Dimna* d'Ibn al-Muqafâa*. Il demande aussi à Abraham Alfaquim* de proposer une traduction castillane des contes musulmans du voyage nocturne du prophète. Son *Livre de l'échelle* constitue une compilation complète de ces mythes musulmans. Il est ensuite traduit en latin et en français par Bonaventure de Sienne*, scribe au service du même roi. En 1260, Brunetto Latini*, futur maître de Dante, est nommé ambassadeur de Florence dans la cour de Alphonse X. Grand érudit, Latini s'intéresse de près à ces traducteurs.

En 1919, Miguel Asín Palacios publie un livre qui enflammera les débats : *L'Eschatologie musulmane de La Divine Comédie*. Dans ce livre, le prêtre espagnol relève de nombreuses similitudes entre *La Divine Comédie* et les contes populaires musulmans du voyage nocturne du prophète Muhammad (*Isràa et Miràj*) et suggère que Dante s'est inspiré du *Livre de l'Échelle*. Cette thèse soulève un tollé dans les cercles d'admirateurs du poète sacré.

Les sources politiques

Au XIVe siècle, la période de Dante est marquée, en Italie, par le combat que se livrent l'Église et l'Empereur par communes interposées. Il faut revenir à l'origine du christianisme pour comprendre les relations aigres-douces qui caractérisent le rapport entre l'Empereur romain et les chrétiens. Les premiers chrétiens, assimilés aux juifs, sont persécutés par l'Empire romain. Jésus subit le mode d'exécution le plus humiliant : la crucifixion[286]. Les apôtres sont presque tous morts en martyrs, crucifiés, décapités, lapidés ou exécutés. Les empereurs détestent les juifs (dont les premiers chrétiens font partie) qui refusent d'honorer les dieux romains dans les temples païens et défient leur puissance. Ils les persécutent, sans relâche. En 64, un feu ravage Rome, Néron* les désigne comme boucs émissaires et tue près de douze mille personnes. En 66 éclate à Jérusalem la Grande Révolte juive due au refus des Hébreux de participer aux sacrifices pour la protection et la prospérité de l'Empereur. Titus* envoie une expédition militaire et détruit le second temple de Jérusalem. Les juifs sont massacrés, vendus en esclavage ou fuient dans la diaspora. Certains résistent : les zélotes mènent des expéditions terroristes contre l'occupant romain. L'empereur décide alors d'interdire la circoncision et de construire un temple dédié à Jupiter* en lieu et place du temple détruit et rebaptise Jérusalem Aelia Capitolina. Shimon Bar Kokhba* défie l'Empire, fonde une colonie en Judée, bat monnaie et décide de reconstruire le temple juif de

[286] Une mise à mort réservée aux esclaves et aux voleurs à main armée non romains.

Jérusalem. Huit légions romaines sont dépêchées pour écraser cette insurrection.

Cependant les premiers chrétiens prennent leur distance vis-à-vis des juifs en acceptant de partager leurs repas avec les Gentils[287], et surtout, en acceptant en leur sein les incirconcis. Pierre baptise le centurion Corneille, mais c'est surtout Saint Luc*, chargé de convertir les Gentils, qui ouvre le christianisme à des milliers de païens. La rupture est consommée lors de la destruction du temple. Les judéo-chrétiens témoignent peu de solidarité à l'égard des Juifs. Ils sont désormais majoritairement incirconcis et s'organisent en une multitude de petites églises secrètes où ils célèbrent l'eucharistie. Au cours des trois premiers siècles, ces églises couvrent tout le territoire romain d'Antioche à Rome et d'Alexandrie à Carthage. S'ils prennent la place des Hébreux, ces nouveaux chrétiens continuent d'irriter l'Empereur. Ils refusent d'assister aux jeux du Cirque, de consommer la viande sacrifiée dans les temples et d'une façon générale, se tiennent à l'écart de la vie publique. Lorsque l'Empire romain commence à subir l'assaut des Goths à partir de 238, Trajan Dèce* y voit un signe de la colère des dieux et ordonne aux citoyens libres de faire des sacrifices pour le salut de l'Empire. Comme les chrétiens refusent de se plier à ce rituel, une répression s'abat contre eux. En 303, Dioclétien*, empêtré à défendre l'Empire contre les assauts des Barbares et des Perses sassanides, s'attaque à nouveau aux chrétiens qui refusent de célébrer sa toute-puissance. Les églises sont brûlées, les évêques

[287] Pour les premiers chrétiens, les païens et pour les juifs, le terme Gentils désigne les personnes étrangères à la religion juive (Source : CNRTL).

emprisonnés et la peine de mort appliquée à tous ceux qui refusent les sacrifices. Les empereurs suivants sont obligés de constater l'échec de leur politique. Une large partie de la population est désormais acquise à la cause des chrétiens. De toutes les églises chrétiennes disséminées dans l'empire, la Grande Église de Rome émerge, auréolée du prestige de ses martyres : Saint Pierre* et Saint Luc*. En 313, l'empereur Constantin I* reconnaît cette montée en puissance et publie à Milan l'édit de tolérance qui permet désormais aux chrétiens de pratiquer leur culte en toute liberté. En 392, l'empereur Théodose I* va plus loin et fait du christianisme la religion d'état de l'Empire romain.

L'Empereur a besoin de stabilité et d'argent pour faire face aux Perses, aux Avares et aux Goths. Or, les *querelles byzantines* de l'Église d'Orient perturbent l'acheminement du blé pour approvisionner l'armée. Il finit par s'immiscer dans les débats interminables de l'Église et somme les chrétiens d'y mettre fin. Ces différents débats sur la nature du Christ, la virginité de Marie et la trinité l'irritent. Il convoque des conciles et invite les évêques à trouver un compromis. S'ensuit une série d'excommunications. L'hérésie devient une arme pour les papes. De ces crises, la Grande Église va se transformer en Église catholique, apostolique et romaine avec à sa tête un pape qui va diriger pendant des siècles le sort des catholiques dans le monde. Mais très tôt, le pape n'apprécie pas l'intrusion de l'empereur dans sa mission spirituelle. Dès l'an 390, Saint Ambroise* affirme : *L'empereur est dans l'église et non au-dessus d'elle.* Il oblige l'empereur Théodose I à demander pardon à Dieu pour avoir massacré des milliers d'innocents en Thessalonique.

L'Empire romain d'Occident s'effondre à la fin du Ve siècle sous les assauts des Wisigoths, des Vandales, des Huns et des Ostrogoths. L'Église négocie avec ces nouveaux assaillants, convertis au christianisme. Le pape Léon le Grand* rencontre le chef des Huns, Attila*, et obtient son départ d'Italie. En 455, il négocie avec Genséric*, roi des Vandales, pour épargner les populations lors du pillage de Rome. Le pape Saint Grégoire (ou Grégoire le Grand)* obtient de Agilulf*, duc de Spolète, de renoncer à la prise de Rome. Il signe avec Genséric*, roi des Vandales, un pacte garantissant à la papauté des territoires qui deviendront les futurs états de l'Église.

L'Empire romain s'écroule. Il est amputé de nombreux territoires où naissent de nouveaux pouvoirs : royaume wisigoth en Espagne, royaumes franc et burgonde en Gaulle, royaumes angles et saxons en Bretagne (Angleterre), royaume vandale en Afrique du Nord, jusqu'à la déposition du dernier empereur d'Occident par les Hérules qui cèdent la place au royaume ostrogoth en Italie. Après la conquête romaine par Justinien, empereur romain d'Orient, les Lombards s'installent dans la péninsule en éliminant pour partie les Romains d'Orient. Certains peuples sont païens ou fraîchement chrétiens mais pas tous de même obédience (catholiques nicéens par exemple). Tout l'enjeu est, pour Rome, de convertir ces peuples au catholicisme, et pour les rois de ces peuples, de tirer parti de ces conversions par le soutien du pape. Ainsi

Clovis* se convertit au catholicisme, ce qui lui donne l'appui de l'Église face à ses ennemis païens. De leur côté, les papes commencent naturellement à faire appel à ces puissances étrangères pour garantir leur puissance temporelle sur leurs nouveaux territoires. Grégoire III* demande l'aide de Charles Martel*, Étienne II* celle de Pépin le Bref*. C'est à ce moment-là que la papauté invente la donation par Constantin* des territoires du Vatican au pape Sylvestre* (donation que Dante condamne comme l'acte fondateur qui aurait dénaturé la mission de l'Église, une hérésie qui permettrait au Saint-Siège de s'immiscer dans les affaires temporelles).

L'Église, par sa structure - paroisses et diocèses - et son personnel instruit, apporte une aide administrative précieuse aux pouvoirs temporels, démunis d'État constitué et qui font plutôt figures de pouvoirs. Cette carence d'État favorise la féodalité, qui n'est jamais que l'expression d'un pouvoir militaire sur l'ensemble de la société. Les progrès des pouvoirs vers des États embryonnaires puis beaucoup plus tard constitués créent des conflits politiques entre leurs tenants, d'abord l'empereur, puis les rois. C'est le prolongement de la distinction de droit romain entre l'*autoritas* et la *potestas*. Celui qui possède l'*autoritas* se place au-dessus des autres.

Lorsque Charlemagne* est sacré empereur d'Occident par le pape en 800, il lui reconnaît en retour une autorité temporelle sur ses territoires. Avec le temps, l'Église prend ses distances vis-à-vis de l'empereur. Au XIe siècle, elle instaure la réforme grégorienne et interdit l'investiture par la crosse et l'anneau[288] d'évêques nommés auparavant par l'empereur : ces derniers sont désormais exclusivement nommés par le pape. Progressivement, le conflit entre la papauté et la royauté (ou l'empire) s'aggrave avec son rituel de dépositions et de bannissements. Au XIIe siècle, le pape Grégoire IX* finit par excommunier l'empereur Frédéric II*. Désormais, des rois soutiennent des anti-papes et les papes des anti-rois. Cette rivalité donne lieu à des affrontements belliqueux souvent soutenus par des puissances étrangères. Les communes italiennes, que l'Empire a délaissées, doivent choisir leur camp. Dans les villes italiennes, le peuple s'organise. Des parlements locaux sont institués sous l'égide de comtes, bientôt remplacés par des représentants de la bourgeoisie. Les évêques de ces communes ont la charge du pouvoir spirituel. Les factions favorables au pape ou à l'empereur alternent au pouvoir, le plus souvent dans la violence. Parfois, un podestat[289] étranger est nommé pour garantir la neutralité. Les villes rivales entrent en lutte ouverte tandis que d'autres font cause commune. La ligue lombarde, par exemple, est créée pour faire face à l'empereur Frédéric Barberousse*. L'Italie, riche mais divisée, aiguise l'appétit de toute l'Europe, et le pape n'hésite pas à faire appel à un roi étranger lorsque l'empereur se fait menaçant.

Les évènements prennent un tour encore plus dramatique lorsque en 1154 l'empereur Henri IV* se marie avec Constance*, héritière du royaume de Sicile. Le pape se sent menacé, pris en étau entre l'Allemagne et la Sicile et son hostilité grandit

[288] La crosse et l'anneau de l'évêque sont les insignes de sa mission de pasteur auprès des fidèles et de sa fidélité à l'Église.

[289] Au Moyen Âge, le podestat était le premier magistrat de certaines villes d'Italie et du Midi de la France.

à l'égard des Hohenstaufen. À la mort de Henri IV, deux candidats sont en lice pour lui succéder : Philippe de Souabe* et Othon IV*. De cette concurrence naissent les deux partis qui marquent la vie politique de Florence à l'époque de Dante : les Guelfes et les Gibelins. Lorsque Grégoire IX devient pape en 1227, l'hostilité vis-à-vis de l'empereur atteint son paroxysme. Une véritable guerre éclate dans la péninsule. Les couronnes d'Angleterre et de France viennent en renfort du pape, appâtées par le royaume de Sicile offert en récompense. Charles d'Anjou*, comte de Provence, prête main forte au souverain pontife. Les cités italiennes sont sommées de prendre parti. Le choix est souvent dicté par des considérations opportunistes : une ville devient guelfe parce que sa rivale est gibeline. Le conflit s'installe dans les communes, les factions s'invectivent, se querellent et finissent par se faire la guerre. La faction au pouvoir bannit la faction ennemie, lui prend ses biens. La faction vaincue cherche des alliés, reprend le pouvoir et fait subir le même sort à ses ennemis à son tour. Florence n'échappe pas à ce mouvement de bascule.

Dans un premier temps, les Guelfes au pouvoir tolèrent les grandes familles gibelines comme celle des Uberti, mais ils finissent par les bannir et les chasser. En 1260, Farinata del Uberti* (célèbre dans *La Divine Comédie*), soutenu par la milice siennoise, bat les Guelfes florentins à Montaperti et rétablit un podestat gibelin à Florence. Mais cette souveraineté est de courte durée : Urbain VI* fait appel à Charles d'Anjou qui rétablit de nouveau les Guelfes à Florence. Les espoirs des Gibelins, privés de leurs biens et exilés, se tournent vers le nouveau souverain allemand, Manfred de Hohenstaufen*, qui franchit les Alpes, traverse l'Italie avec ses troupes et rentre à Rome sans résistance dans le but de se faire sacrer empereur par le pape. Mais il échoue. Vaincu par Charles d'Anjou, il meurt à la bataille de Bénévent. Dante voit ses rêves s'évanouir. Charles d'Anjou, haï pour les atrocités qu'il commet, obtient en récompense le royaume de Naples et de Sicile.

Le nouveau pape, Nicolas III*, est italien. Il rompt avec le soutien de ses prédécesseurs français à Charles d'Anjou. Il fomente le soulèvement palermitain des *vêpres siciliennes* qui embrasent l'île et conduit à la chute de Charles au profit d'une souveraineté étrangère : la maison d'Aragon venue d'Espagne et un nouveau roi, Pierre III*. Mais le chaos ne s'arrête pas là. Gênes et Pise, les deux puissances maritimes gibelines, sont en concurrence et s'affrontent violemment. Pise doit assurer ses arrières car elle est menacée par la Florence guelfe. Elle offre des territoires à Ugolino della Gheradesca* (autre personnage de *La Divine Comédie*) qui trahit son parti et vient à son secours. Plus tard, il est arrêté et enfermé dans la tour de la faim où il décède[290].

En 1294, Boniface VIII* est élu pape après l'abdication de Célestin V* (deux personnages de L'Enfer de Dante). Homme arrogant, cruel et rusé, il *entrera comme un renard, régnera comme un lion et mourra comme un chien*[291], dira de lui Célestin V. Il use de violence, fausses promesses et de parjures pour triompher de ses adversaires. Il soutient la

[290] **DC**, *op. cit.*, L'Enfer, Chant XXXIII.
[291] Rapporté par Jules Michelet dans Moyen Âge, Paris, Laffont, 1981, p. 403-430.

faction noire à Florence, et en plein jubilé de l'an 1300, il envoie Charles de Valois* dans le prétendu but de réconcilier les factions blanche et noire[292]. Mais en réalité, il fomente un coup d'État qui est à l'origine du bannissement et de l'exil de Dante. Le même Boniface VIII excommunie le roi de France Philippe IV*, qui organise une expédition punitive contre le Saint-Siège. S'il échoue à déposer Boniface, il réussit toutefois à l'affaiblir. Le pape est remplacé et tenu en captivité par Clément V* qui transfère le Saint-Siège en Avignon : une *captivité babylonienne*[293] que Dante dénonce et qui vaut à un autre pape d'aller en enfer. Dante ne cesse de dénoncer la lutte entre papes et empereurs dans *La Divine Comédie*. Une papauté corrompue, avide de biens matériels et de territoires, qui trahit sa mission spirituelle en cherchant à étendre son pouvoir temporel. Dante est un fervent partisan, avant l'heure, de la séparation des pouvoirs temporels et spirituels, seul garant selon lui de la paix sur Terre. On l'accuse à tort d'être anticlérical, alors qu'il souhaite revenir au message de Jésus de *rendre à César ce qui est à César et à Dieu ce qui est à Dieu* : la séparation de l'Église et de l'État, qui ne voit le jour que lors de la Révolution française.

[292] Les Guelfes blancs constituent un groupe de familles favorables à la seigneurie et ouvertes aux forces populaires. Ils cherchent l'indépendance politique et prônent une plus grande autonomie vis-à-vis du souverain pontife, refusent son ingérence dans la gestion de la ville. Les Guelfes noirs, en revanche, représentent surtout les intérêts des familles les plus riches de Florence. Ils sont étroitement liés au pape par des intérêts économiques et acceptent son contrôle total sur les affaires internes de la ville.

[293] Philippe Nemo, L'autre scène ou les vivants et les dieux, Grande introduction à La Divine Comédie (podcast), France Culture, 1980-1981.

Italie Communale
Venise
Etats
Féodaux
Etats
Pontificaux
Royaume de Naple
et de Sicile

L’homme et son œuvre

Dante est né en 1265, à l’apogée de la civilisation communale en Italie. Sa famille est de la moyenne bourgeoisie florentine, probablement élevée à la chevalerie par l’empereur Conrad II de Hohenstaufen. Dans la Florence de l’époque, l’anoblissement n’empêche pas le travail. Son père Aighiero di Belincione est un financier, voire un usurier, qui de surplus possède un patrimoine agricole (*contado*) dans la banlieue proche. Les revenus des prêts octroyés et les loyers payés par les métayers qui cultivent leurs terres permettent à Dante de vivre aisément jusqu’à son bannissement. Florence est alors l’une des villes les plus florissantes et riches d’Europe. Commerce et finance y sont très développés, et les plus importants banquiers du pape y résident. Comme toutes les communes de la péninsule, Florence est divisée entre les partisans de l’empereur (Gibelins) et ceux du Pape (Guelfes), si bien que ces deux partis se font une guerre continue et administrent tour à tour la commune en exilant souvent leurs opposants. La famille de Dante et Dante lui-même sont guelfes. Juste avant la naissance de Dante, le *condottiere* gibelin Farinata degli Uberti remporte la bataille de Montaperti et reprend le pouvoir à Florence. En 1266, Manfred de Hohenstaufen, roi de Sicile, est tué à la bataille de Grandella[294] par Charles I d’Anjou*. Cette mort relance la guerre entre les factions. Charles I en profite pour restaurer le pouvoir guelfe à Florence.

[294] Près de Bénévent.

Le jeune Dante apprend à lire, écrire, compter ainsi que les rudiments de latin, indispensables pour la lecture de la Bible et des poètes classiques. Un notable extrêmement cultivé, Brunetto Latini le prend sous son aile et l'initie à la poésie et à la rhétorique. Latini, pour avoir servi à la cour d'Alphonse X de Castille, connaît certainement les versions latines de plusieurs œuvres arabes grâce au remarquable travail des traducteurs arabes de Tolède à cette époque. À l'âge de huit ans, lors de la fête du *Calendimaggio*, le jeune Dante accompagne son père et participe à une fête de voisinage organisée par Folco Portinari. Il y rencontre la fille de l'hôte, Béatrice, et tombe follement amoureux de la jeune fille à la robe rouge. Cet amour platonique ne l'abandonnera jamais. Mais Dante est promis à la fille de Manetto Donati, Gemma, qu'il épousera et avec qui il aura une fille et trois fils. De sa femme et de sa mère, qu'il perd à l'âge de dix ans, il ne dit jamais mot dans toute son œuvre.

À l'âge de dix-huit ans, il croise de nouveau Béatrice. Cette rencontre furtive le marque, car Béatrice (*Bice*) l'inspirera pour *La Vita Nova* et *La Divine Comédie*. Béatrice se marie à Simone Bardi, mais meurt bientôt alors que Dante a à peine vingt-cinq ans. Il ne s'en remet pas. *Florence a perdu sa Béatrice*, dit-il.

À la mort de Béatrice, Dante décide de se perfectionner en poésie, en langue vulgaire (italien) et d'approfondir ses connaissances en philosophie et en théologie, en particulier au sujet de Virgile et Saint Thomas d'Aquin. Il se lie d'amitié avec Guido Cavalcanti et Foresi Donati* qui l'introduisent dans le milieu le plus fortuné de Florence. Une de leurs distractions favorites consiste à participer à des dis joutes putes poétiques (*tenzoni)* où ils composent des sonnets d'amour en langue vulgaire selon le style lyrique des siciliens, *stil novo* (ou style nouveau). Si Dante imite d'abord ses maîtres Guido Cavalcanti et Guido Guinizelli pour composer ses sonnets, il ne se doute pas encore que la postérité ne retiendra que lui.

À vingt-quatre ans, Dante est enrôlé en tant que cavalier (*feditori*) à l'armée guelfe florentine qui remporte une série de victoires (Campidano, Arezzo et la prise du château de Caprona). Trois ans plus tard, il rédige *La Vita Nova*, un livre consacré à son amour pour Béatrice qui alterne poésie et prose et qu'il achève par cette phrase : *Où je vis ces choses qui me furent décidées de ne pas en dire plus sur cette dame bénie qu'au point où je pouvais traiter d'elle dignement*[295].

Durant cette période, la commune de Florence change sa gouvernance et s'ouvre aux classes marchandes. Les nobles sont exclus du gouvernement en faveur du « second peuple » : la classe mercantile et bourgeoise, obligeant les citoyens à s'inscrire à un art pour être éligibles aux charges politiques. Dante s'inscrit à la guilde des médecins et apothicaires et peut de ce fait accéder aux plus hautes fonctions politiques de sa cité. Très vite, il fait partie du conseil du peuple, du conseil des sages. Il devient enfin membre du Conseil des Cent et en juin 1300 il est élu comme l'un des six prieurs de Florence (la plus haute fonction à l'époque).

[295] **OC**, *op. cit.*, p. 84.

La politique de Florence, à cette époque, est complexe. Les classes marchandes menés par les Cerchi s'opposent aux classes d'origine noble, les Donati. Pour calmer le jeu, les dirigeants de la Cité décident d'en éloigner les chefs des deux clans. Le *primo amico* Guido Cavalcanti est condamné à la relégation. Les Guelfes se scindent en deux : les Noirs sont favorables à un alignement total avec le pape tandis que les Blancs (le parti de Dante) préconisent une politique équilibrée entre le pape et l'empereur. Le pape Boniface VIII envoie Charles de Valois comme médiateur. Dante est dépêché à Rome avec deux autres émissaires pour se concilier avec le Saint-Siège et trouver une issue pacifique. En son absence, les Noirs prennent le pouvoir à Florence, aidés par Charles et encouragés par Boniface : les Blancs sont impitoyablement opprimés. Dante est accusé de prévarication et de malversations. On lui reproche aussi son opposition à Boniface VIII et à Charles de Valois. Dans un premier temps, il est banni et ses biens sont confisqués. Comme il refuse de revenir à Florence pour assister à son procès, il est dans un second temps condamné à mort sur le bûcher. Dante choisit l'exil.

Commence alors une vie d'errance : il séjourne dans la cour de Bartolomeo della Scala* à Vérone et chez les Malpassina à Lunigiana où il se consacre à l'étude de la philosophie et la théologie, séjourne chez Gherardo da Camino* à Trévise, chez Cangrande della Scala* à Vérone pour se rendre enfin chez Guido Novello* à Ravenne où il meurt en 1321 de malaria. S'il participe à des missions diplomatiques pour ses bienfaiteurs, durant son exil, Dante consacre l'essentiel de son temps à écrire.

Dans *De vulgari eloquentia* (*De l'éloquence en vulgaire*) écrit vers 1303, Dante fait l'éloge de la langue naturelle, celle qu'on apprend des lèvres mêmes de sa nourrice, et dont il vante la noblesse contrairement au latin, langue secondaire plus artificielle qu'on peut maîtriser à l'étude. Peu après, il écrit *Il Convivio* (*Le Banquet*), une œuvre en toscan où il fait l'éloge de la philosophie et de la science ainsi que des valeurs intellectuelles et morales que l'homme acquiert durant sa vie. Il y exprime son amertume d'avoir été rejeté par Florence :

Après qu'il eut plu aux citoyens de Florence, très belle et fameuse enfant de Rome, de me rejeter de son doux sein – où je naquis et fus élevé jusqu'au sommet de ma vie et où avec son agrément, je désire de tout cœur reposer mon âme lasse et achever le temps qui m'est imparti –, par toutes les régions où l'on parle la présente langue, errant, quasi mendiant, je suis allé montrant contre mon gré les blessures reçues de la Fortune, qui sont souvent injustement imputées à celui qui en souffre. Vraiment j'ai été un navire sans voile et sans gouvernail, emporté vers divers ports, rivages et estuaires par le vent sec qu'exhale la douloureuse pauvreté ; aux yeux d'un grand nombre je suis apparu différent de ce que d'aventure ils avaient imaginé par ma renommée ; à leur vue non seulement ma personne fut avilie, mais toutes mes œuvres, déjà composées autant qu'à venir, en perdirent de leur valeur[296].

Entre 1310 et 1313, Dante rédige *De Monarchia* en latin. Il continue d'expliquer comment l'homme, à travers l'exercice de la raison, peut faire éclore la paix universelle. Dans ce recueil, on

[296] *Ibid.*, Le Banquet, I-III, p. 188-189.

sent la conversion qui s'opère chez Dante durant son exil. Alors que jusque-là il soutenait le pape, la trahison de Boniface VIII* et l'attitude des Guelfes noirs le font changer d'avis. Il prône à présent une séparation des pouvoirs entre le pape et l'empereur : tous deux tirent leur autorité de Dieu, mais chacun doit l'exercer dans son propre champ de souveraineté selon lui, le domaine spirituel pour le pape et le domaine temporel pour l'empereur :

L'ineffable providence a donc proposé à l'homme de poursuivre deux fins : c'est-à-dire la béatitude de cette vie, qui consiste dans l'épanouissement de ses vertus propres et qui est représenté par le paradis terrestre ; et la béatitude de la vie éternelle, qui consiste à jouir de la vision de Dieu, à laquelle ne peut atteindre notre vertu propre, si elle n'est aidée par la lumière divine ; cette béatitude, il nous est donné de nous la représenter par l'image du paradis céleste [...]. C'est pourquoi l'homme a besoin de deux guides en vue de ces deux fins : à savoir le souverain Pontife, pour conduire le genre humain à la vie éternelle, en suivant les enseignements de la révélation, et l'Empereur pour conduire le genre humain au bonheur temporel, en suivant les enseignements de la philosophie[297].

À partir de 1307 et jusqu'à sa mort, Dante se consacre à l'écriture de *La Divine Comédie*. Peu de temps avant sa mort, il adresse un ou plusieurs chants de L'Enfer au Seigneur Cangrande della Scala avec ce titre : *Ci commence la comédie de Dante Alighieri, florentin de nation non de mœurs*. Ce n'est que plusieurs années après que Boccace*, ce grand poète italien, rajoute l'adjectif divine.

[297] *Ibid.*, *La Monarchie*, XV, p. 514.

La Divine Comédie

La Divine Comédie est un monument de poésie. Elle contient 14 232 vers organisés en tercets. Monument d'imagination, d'érudition et source d'enseignements philosophiques, politiques et religieux, elle est souvent comparée à une cathédrale. Écrite en italien, langue vulgaire, elle est conçue pour être déclamée sur la place publique pour toucher un maximum d'auditeurs.

Dante nous invite dans un univers extrêmement organisé. Décrit de façon réaliste, il est hérité des visions de Ptolémée et de l'Église catholique du Moyen Âge : la Terre est une sphère au centre de l'univers. Son hémisphère Nord, recouvert de terres, a pour cœur Jérusalem. À côté de cette dernière se trouve une petite localité, Josaphat, par laquelle on accède à l'énorme trou de l'enfer apparu à la chute de Satan, lorsqu'il fut expulsé des cieux. À la suite de ce choc émerge une protubérance à l'extrême opposé de la terre : la montagne du purgatoire entourée d'océans, car l'hémisphère Sud est submergé. Au sommet de cette montagne se trouve le jardin d'Eden. À son époque, l'Église catholique croit que le jardin d'Eden, où vécurent Adam et Ève, est situé sur terre en un point élevé où il ne peut être submergé par le déluge. Au-delà de la montagne du purgatoire se trouvent les sept cieux, eux-mêmes surmontés par les étoiles fixes, puis par l'Empyrée où se trouve la Rose Mystique, cet amphithéâtre où les bienheureux peuvent connaître la béatitude et voir la face du Seigneur. C'est dans ce paysage que Dante entreprend son voyage d'une semaine.

Guidé par le païen Virgile* et une simple mortelle, Béatrice, il visite les trois royaumes de l'au-delà (l'enfer, le purgatoire et le paradis). Saint Bernard* prend le relais pour l'amener à l'Empyrée et à la Rose Mystique.

Dante peuple son au-delà de personnages mythologiques, historiques et contemporains. Ils occupent des déserts, des forêts, des gouffres, des prairies, des montagnes et des cieux. Ces multiples paysages sont tour à tour effrayants, escarpés, puants, glacés, torrides ou au contraire lumineux, verdoyants et paisibles. On traverse des marais, des rivières gelées, de sang bouillonnant ou dont les eaux ont des vertus magiques.

Au cours de son périple, Dante rencontre des âmes mortes. Il les interroge sur leur sort, passe en revue leurs péchés et nous enseigne que la raison, nécessaire pour l'exercice du libre arbitre de choisir entre le bien et le mal, reste insuffisante pour atteindre le salut. Le chrétien doit être armé de la foi et guidé par le Saint-Esprit pour atteindre la béatitude, connaissance suprême de la science divine.

Mais, prouesse extraordinaire, il ne s'agit pas de nous emmener dans un récit imaginaire. Dante a l'audace folle de nous décrire cet itinéraire comme un voyage réel, fruit de sa seule mémoire. Pour rendre ce récit encore plus réaliste, il le date. Il le fait commencer la veille du Vendredi saint de l'an 1300 et le termine à Pâques de la même année. Deux dates hautement symboliques, puisqu'il s'agit de la descente du Christ aux enfers et du jour de sa résurrection. Dante a trente-trois ans :

c'est l'âge de Jésus lorsqu'il a été crucifié. L'année 1300 est aussi celle du grand jubilé organisé par le pape Boniface VIII, où affluent des centaines de milliers de pèlerins. Ici se dessine une autre caractéristique de cette œuvre monumentale, comme nous le verrons : son côté hautement allégorique, qui au-delà du récit simple, a pour ambition d'éveiller la conscience du lecteur ou de l'auditeur sur le sens profond de son engagement durant sa vie terrestre.

Dante aux portes de l'au-delà

Sans savoir comment, Dante se retrouve endormi près de Jérusalem dans une forêt sombre et hostile. Il voit au loin une montagne lumineuse vers laquelle il a envie de se diriger :

Au milieu du chemin de notre vie,
je me retrouvai par une forêt obscure
car la voie droite était perdue.
Ah dire ce qu'elle était est chose dure
cette forêt féroce et âpre et forte
qui ranime la peur dans la pensée[298] *!*

Après avoir pénétré cette forêt, il s'apprête à escalader une pente aride lorsque trois bêtes menaçantes lui barrent la route : une *lonza* (sorte de panthère), un lion rugissant et une louve famélique jamais rassasiée. L'effroi qu'elles suscitent l'oblige à rebrousser chemin. Il s'agit de la première allégorie que Dante nous offre, ces trois bêtes symbolisant la luxure, l'orgueil et l'envie, trois péchés qui empêchent le salut de l'âme. Fort heureusement une ombre se présente et Dante, comme un enfant désemparé, la prie de l'aider à traverser cette passe difficile. Très vite, il comprend qu'il s'agit de Virgile, l'auteur de *L'Énéide*, un de ses maîtres à penser. Ce dernier lui apprend qu'alors qu'il était aux limbes, une noble dame descendue des cieux était venue lui demander de le guider dans son périple. Dante est rassuré. Virgile lui indique

[298] *Ibid.*, **DC**, p. 50.

que le chemin du repentir et du salut est long et difficile. Il lui faut choisir une autre route car ces bêtes ne permettent à aucun humain de la poursuivre sans le dépecer. Il lui enseigne que ces trois péchés, largement répandus dans sa cité, sont les sources de la guerre civile qui ensanglante l'Italie.

Virgile apprend à Dante que Béatrice, par amour pour lui, alertée par Sainte Lucie*, est venue à son secours. Perplexe, Dante se demande pourquoi lui, simple humain, serait légitime pour entreprendre ce voyage insensé en étant vivant parmi les morts :

Mais moi, pourquoi venir ? Qui le permet ?
Je ne suis ni Énée ni Paul[299] *;*
ni moi ni aucun autre ne m'en croit digne
Aussi je crains, si je me résous à venir,
que cette venue ne soit folie[300].

Virgile lui dit qu'il doit cet insigne privilège à la grâce divine et que la Sainte Vierge a intercédé auprès du Seigneur pour permettre ce périple. Maintenant rassuré, Dante est prêt pour l'aventure :

Tel j'émergeai de ma vertu lassée
et tant de bon courage resurgit dans mon cœur
que je commençais, en homme libre[301].

Cette entrée en matière fracassante plante le décor de *La Divine Comédie*.

---

[299] Saint Paul est descendu en enfer ; Énée est le héros de *L'Énéide*.
[300] *Ibid.*, **DC**, p. 56.
[301] *Ibid.*, **DC**, p. 57.

L'antichambre de l'enfer

Quand Dante entre dans l'antichambre de l'enfer, il est glacé d'effroi à la lecture de cette sentence écrite au-dessus de la porte d'entrée : *Vous qui entrez, laissez toute espérance*[302]. Il pénètre dans une zone sombre, sans étoile, où retentissent des soupirs, des pleurs, des cris perçants et des discours de rage proférés dans d'horribles jargons. Il s'agit des indifférents, des lâches, ceux qui sans commettre le mal, n'ont jamais pris parti pour le bien. À ce titre, ils ne méritent ni l'enfer ni le paradis. Leur châtiment consiste à être piqués par des guêpes qui font ruisseler leurs joues de sang, lequel mêlé aux larmes est bu par d'affreux vers à leurs pieds.

Dante n'a pas oublié cette phrase des Évangiles : *Ainsi, parce que tu es tiède, et que tu n'es ni froid ni bouillant, je te vomirai de ma bouche*[303]. Comme il abhorre la lâcheté, il n'hésite pas à placer dans ce cercle le Pape Célestin V qui abdiqua sa tiare pour Boniface VIII, l'homme qu'il tient pour responsable de son bannissement et exil alors que Célestin venait d'être sanctifié. Il exprime son profond dédain pour cette catégorie de damnés par la bouche de Virgile et ce vers, devenu un proverbe en Italie : *Ne parlons pas d'eux, mais regarde et passe*[304]. Pour rejoindre le cercle suivant de l'enfer, les limbes, Virgile et Dante doivent traverser le fleuve Achéron[305]. Charon*, le

302 **DC**, *op. cit.*, p. 66.

303 Dr Brian J. Bailey, *L'Apocalypse de Jésus Christ*, trad. de l'anglais par Marlyse Raudszus, Ouagadougou, Ministères Internationaux de Sion Afrique occidentale, 2013, III, 16.

304 **DC**, *op. cit.*, p. 60.

305 Fleuve côtier de l'Épire qui se jette en mer Ionienne. Dans la mythologie c'est une rivière souterraine de L'Enfer.

passeur, refuse dans un premier temps de prendre sur sa barque un vivant jusqu'à être informé par Virgile de la grâce divine dont son protégé bénéficie : ce rituel sera renouvelé avec d'autres gardiens de l'enfer.

Les limbes sont un lieu intermédiaire où l'Église catholique a placé les enfants morts trop jeunes et les patriarches de la Bible antérieurs à Jésus. Tous n'ont pas reçu le baptême, laissez-passer indispensable pour le paradis. Heureusement, lors de sa descente aux enfers, Jésus a sauvé les patriarches et les a emmenés au ciel. Dans ces limbes, Dante entend les soupirs d'une multitude d'enfants, mais les damnés de ce premier cercle ne subissent aucune peine : ils se lamentent car ils sont éternellement privés de la vision de Dieu. Par admiration pour le savoir, Dante innove : il place dans les limbes un beau château où sont admis les plus grands hommes de l'Antiquité païenne[306], et parmi eux ces grands passeurs de savoir que furent les Arabes au Moyen Âge[307].

Passées les limbes, nous entrons dans l'enfer proprement dit, là où les âmes damnées reçoivent un châtiment correspondant à leur péché. Dante va fractionner son enfer en trois parties distinctes inspirés de l'*Éthique* d'Aristote (incontinence, bestialité et ruse).

Ne te souviens-tu pas de ce passage
où sont traitées dans ton Éthique
Les trois dispositions dont le ciel ne veut pas :
Incontinence, malice et la folle bestialité[308] *?*

[306] Homère, Horace, Démocrite, Sénèque, Euclide, Hippocrate, Galien, César.
[307] Avicennes et Averroès.
[308] *Ibid.*, **DC**, p. 86.

Les incontinents

Minos, *ce connaisseur des péchés*[309], juge les âmes avec sa longue queue. Il l'enroule autour de son corps autant de fois qu'il faut pour descendre le damné dans le cercle de l'enfer qui correspond à son péché. Dante invente ici un jugement initial par Minos avant le Jugement dernier par Dieu qui n'est pas encore arrivé puisque la vie se poursuit encore sur terre. Un écart considérable avec l'orthodoxie chrétienne. Ce deuxième cercle de l'enfer, après les limbes, est réservé aux luxuriants, ces pécheurs qui subordonnent la raison au désir. Leur châtiment est l'ouragan infernal qui les entraîne en les jetant brutalement dans tous les sens. Pour Dante, la luxure n'est donc pas le pire des crimes. Se souvient-il, peut-être, de l'époque où il composait des sonnets d'amour avec son ami Guido Cavalcanti, n'était-il pas lui-même un luxuriant ? Un péché que lui reprochera Béatrice quand il arrivera aux cieux.

Dante aperçoit un couple, qui comme des colombes vole au gré des vents et les interroge. Il s'agit de Francesca da Rimini et de son amant et beau-frère Paolo, tous deux tués par l'époux jaloux Giovanni. Elle lui explique qu'alors qu'elle lisait chastement avec son beau-frère une scène érotique dans les aventures de Lancelot les enflamma. À l'image des sonnets que Dante composait, Paolo l'embrassa alors sur la bouche, tout tremblant : *Ce jour-là nous ne lûmes pas plus avant*[310]. Voilà nos amants châtiés pour avoir eu un coup de foudre

[309] *Ibid.*, **DC**, p. 66.
[310] *Ibid.*, **DC**, p. 67.

irrésistible, ballotés par l'ouragan comme par leur passion. Dante est tellement ému qu'il s'évanouit comme s'il mourrait.

Virgile et Dante entrent ensuite dans le troisième cercle, celui des gourmands. Une pluie éternelle et froide s'y déverse, si bien qu'une odeur infecte se dégage de la terre. Les damnés, bouches béantes, avalent cette bouillie d'eau glacée nauséabonde pendant que Cerbère* les écorche avec ses griffes et les dépèce. Dante y rencontre Ciacco*, un Florentin, et l'interroge sur le sort de sa ville. Les factions, lui répond-il, se querellent dans le sang et se ravissent le pouvoir jusqu'à être à leur tour chassées dans un cycle infernal de violence : *Orgueil, envie et avarice règnent*[311]. C'est la première explication d'une longue série que Dante recevra d'une âme morte sur les raisons des luttes intestines que se livrent les factions florentines et qui ont abouti à son bannissement et son exil.

Pluton* accueille les deux poètes au quatrième cercle dans lequel deux groupes de damnés, les avares et les prodigues, tournent en demi-cercles chargés de fardeaux et se cognent les uns aux autres lorsqu'ils se rencontrent, en criant : *Pourquoi tiens-tu ? Pourquoi lâches-tu*[312] *?* Avant de reprendre leur ronde dans l'autre sens et de s'entrechoquer de nouveau pour l'éternité. Virgile nous explique que cette ronde éternelle est à l'image de ce qui se passe sur terre. Dieu distribue les vaines richesses entre les familles et les nations, puis les leur retire en dépit de leur désir de les conserver, faisant ainsi de la fortune

[311] *Ibid.*, **DC**, p. 69.
[312] *Ibid.*, **DC**, p. 71.

l'exécutrice de sa volonté et non sa concurrente comme on pensait dans l'Antiquité.

Dans le cinquième cercle, nos poètes rencontrent les coléreux, plongés nus dans l'eau boueuse du Styx[313], *ils se frappent, non avec les mains, mais avec la tête, avec la poitrine et avec les pieds, tranchant leurs corps par bribes, avec les dents*[314]. De même qu'au cours de leurs vies, plongés dans des colères noires, ils sont désormais plongés dans les eaux noires et froides du marais du Styx. Dante et Virgile fuient ce cercle, épouvantés par l'apparition des Érinyes*. Ils embarquent sur l'esquif de Phlégias* pour traverser le marais du Styx là où ses eaux deviennent plus profondes, mais avant d'arriver sur l'autre berge, ils rencontrent Filippo Argenti*, Guelfe noir. Ennemi politique de Dante connu pour ses colères, il le gifla sur terre et prit ses biens. Embourbé, il essaie de nouveau à l'agresser, mais les autres âmes colériques l'en empêchent, criant : *Sus à Filippo Argenti !*[315] Ils l'obligent à retourner sa colère contre lui et à se mordre à pleines dents. Arrivés sur l'autre rive, les choses se compliquent, une tempête fait rage et mille diables barrent l'entrée en fermant brutalement les portes de la cité de Dité. Mais la providence vient à leur secours, un messager envoyé du ciel qui marche *à pied sec*[316] sur le marais force les portes de la cité, à l'image de Jésus qui, lors de sa descente aux enfers, *rompt les portes de la mort*[317].

---

[313] Dans la mythologie grecque, Styx est la fille de l'Océan et de Téthys. Le Styx est un des fleuves de l'enfer.
[314] *Ibid.*, **DC**, p. 72.
[315] *Ibid.*, **DC**, p. 73.
[316] *Ibid.*, **DC**, p. 81.
[317] Chant de l'office du samedi rapporté par le père Lombardi.

La cité de Dité

Ici on entre dans l'enfer moyen, où sont châtiés les damnés coupables de bestialité. La cité de Dité se présente comme une forteresse avec en arrière-plan des mosquées enflammées. Les hérétiques se retrouvent dans un endroit désolé où s'accumulent, pêlemêle, des tombeaux éparpillés d'où sortent des flammes. Dans ces sépulcres sont entassées des âmes qui rôtissent mais dont les couvercles restent relevés. L'hérésie est pour Dante une forme de bestialité morale qui consiste à nier l'immortalité de l'âme. Virgile lui apprend dans ce chant que lors du Jugement final, les sépulcres seront refermés et les âmes de ces damnés revêtiront leurs corps lorsque les hommes seront ressuscités.

Une ombre reconnaît l'accent toscan de Dante, elle se relève alors, se présente et s'adresse à lui. Farinata del Uberti, un des chefs historiques des Gibelins, lui dit sa tristesse de voir ses idées rejetées par les Guelfes. Il a dû pour cela les combattre et les vaincre tout en épargnant Florence, sa ville bien-aimée. Dante, bien qu'il ne partage pas le point de vue de ce politique qu'il condamne pour hérésie, reste admiratif d'un homme qui a su prendre parti. Tout à coup, un autre damné sort de cette même tombe pour s'enquérir du sort de son fils : son *primo amico*[318], Guido Cavalcanti. Dante, dans des tercets émouvants, nous présente ces âmes défuntes, qui à grands efforts, entassées et brulées, se soucient par patriotisme ou par amour paternel du sort des leurs et de la terre.

[318] **OC**, *op. cit.*, p. 30.

En continuant leur chemin, nos deux poètes arrivent au pied d'une tombe où est écrit : *Je garde le pape Anastase que Photin* fit dévier de la voie droite* [319]. Il s'agit du pape Anastase II* qui, souhaitant rapprocher l'Église catholique de celle d'Orient, s'est lié d'amitié avec le diacre de Thessalie (Photin). Or ce dernier partageait les thèses du patriarche de Constantinople (Acace*) qui fut condamné d'hérésie par l'Église catholique pour avoir nié la nature divine de Jésus. Dante considère que c'est une faute extrêmement grave pour le gardien des clés de Saint Pierre d'accueillir un schismatique.

Les deux comparses continuent à descendre péniblement les pentes abruptes et accidentées de l'enfer pour voir couler devant eux l'affreux fleuve de sang bouillonnant, le Phlégéton[320], où sont torturés les violents. Ce septième cercle de l'enfer placé sous le signe du Minotaure*, né du commerce monstrueux de sa mère Pasiphaé avec un taureau. Les centaures*, mi-bêtes mi-hommes, surveillent la première catégorie de violents : les violents contre leur prochain. Ils cuisent dans le sang bouillonnant et selon la gravité de leur crime, ils y sont plongés jusqu'aux épaules, jusqu'à la taille ou simplement jusqu'aux pieds. Des centaures[321] les criblent de flèches s'ils essaient de s'en extraire. Ici, le *contrapasso*[322] est très clair : ceux qui ont fait périr leur prochain dans le sang périront pour l'éternité rôtis dans un fleuve de sang bouillonnant.

---

[319] **DC**, *op. cit.*, p. 86.
[320] Le Phlégéton est le fleuve de l'enfer qui entoure le Tartare.
[321] Nessus, Chiron, Pholus.
[322] Le châtiment en contrepartie du péché.

Pour quitter ce giron sans se bruler les pieds, Dante traverse le Phlégéton sur le dos du centaure Nessus* d'où il observe des tyrans célèbres ou des princes italiens de son époque. Arrivés sur l'autre rive, ils se retrouvent face à un paysage étrange :

Quand nous entrâmes dans un bois
où nul sentier n'était tracé.
Ses feuilles n'étaient pas vertes, elles étaient sombres ;
Ses branches n'étaient pas droites, mais nouées et tordues ;
Il n'avait pas de fruits, mais des épines empoisonnées[323].

Il s'agit d'un des paysages les plus hallucinants de *La Divine Comédie* : la forêt des suicidés. Ici, les violents contre eux-mêmes ont perdu toute forme humaine pour se transformer en buissons. Pour Dante, le suicide est la forme extrême de déshumanisation qui mérite une dénaturation maximale. Par mégarde, Dante heurte une branche et la casse. Du sang coule et le damné gémit : *Pourquoi me déchires tu ? N'as-tu en toi nul esprit de pitié ?*[324]. Dante rencontre Pierre de la Vigne*, poète, confident et chancelier de Fréderic II de Sicile, qu'il servit avec loyauté. Accusé injustement par une courtisane d'avoir trahi son maître, il se suicide en prison. Dante éprouve une grande sympathie pour ce damné. Pierre de la Vigne lui apprend qu'après la résurrection, les suicidés récupéreront leur corps mais n'auront pas le droit de les revêtir : ils reviendront à l'état de buisson et leurs corps vides seront *pendus dans la triste forêt*[325].

---

[323] *Ibid.*, **DC**, p. 95.
[324] *Ibid.*, **DC**, p. 95.
[325] *Ibid.*, **DC**, p. 96.

Dante et Virgile quittent le cercle des suicidés sans difficulté, ils traversent une zone aride et aperçoivent de nouveau la rivière de sang bouillonnant. C'est l'occasion pour le maître de Dante de nous instruire sur la source de ces cours d'eaux infernaux. Quelque part en Crète, dans une grotte, se trouve un vieillard, le regard dirigé vers Rome. Sa tête est d'or, ses bras et son buste d'argent, le bas de son corps de cuivre, ses jambes et son pied gauche de fer tandis que son pied droit, sur lequel il se tient, est en terre cuite. Chaque partie de son corps, excepté sa tête, est fissurée. De ces fissures coulent des larmes nombreuses, qui descendent dans la vallée pour former les fleuves de l'enfer.

Pour les *dantologues*, véritables exégètes de *La Divine Comédie*, les larmes symbolisent les péchés de l'humanité. Les métaux représentent les différents âges de l'homme, tandis que le pied en fer renvoie à la papauté et le pied en argile à l'Empire. L'homme, pécheur tout au long de sa vie, doit obéir à l'autorité temporelle de César et à l'autorité spirituelle du pape. Ces autorités doivent rester séparées pour garantir la paix sur terre, ce qui n'était pas le cas durant la vie de Dante.

Les poètes cheminent, à l'abri, sur une des margelles du fleuve de sang tandis qu'ils observent deux troupes de damnés qui marchent en sens contraire sous une pluie de feu sans jamais pouvoir s'arrêter. Ce sont les sodomites, violents contre la nature. Dante y voit des clercs, des pédagogues, des hommes politiques et des militaires. Il rencontre l'homme qui lui a presque tout enseigné, Brunetto Latini. Là, Dante fait preuve d'un sadisme particulier ; peut-être d'une vengeance contre un homme qui était célèbre à Florence pour son savoir immense et qui a occupé des postes politiques de la plus haute importance, mais inconnu pour ce vice que le poète va dévoiler à la postérité, alors qu'il était jeune, fragile et orphelin. Lorsqu'il quitte son ancien maître, il profite des pourparlers de Virgile avec le monstre Géryon* pour voir le giron où sont punis les violents contre l'art (les usuriers) assis sous une pluie de feu avec leurs armoiries pendues au cou. Leur progression devient périlleuse : au-dessus d'un gouffre abyssal, ils doivent franchir la terrible rivière de sang bouillonnant. Virgile réussit à convaincre Géryon, *cette hideuse image de la fraude*[326] : il accepte de porter Dante sur son dos pour le mener à l'enfer profond. Le huitième cercle de l'enfer est un gouffre en pente raide, une sorte de ruche infernale faite de cavernes nommées bolges où sont punis les damnés qui ont utilisé la malice, c'est-à-dire qui ont investi leur intelligence dans la recherche et la réalisation du péché.

[326] *Ibid.*, **DC**, p. 107.

Malbolge : l'enfer profond

Dante et Virgile sont maintenant au huitième cercle de l'enfer, lui-même divisé en dix bolges. La descente devient extrêmement malaisée car le gouffre en pente très raide se rétrécit à l'extrémité de l'entonnoir.

La première bolge est celle où sont châtiés les ruffians, c'est-à-dire ceux qui ont séduit des femmes pour le compte d'autrui (proxénètes). Ils circulent nus en file indienne. Chaque fois qu'ils essayent de se reposer, des démons cornus les fouettent en leur disant : *Allons, ruffian, il n'y a pas ici de femmes à vendre*[327]. Dante y rencontre entre autres Jason*, qui avait séduit Hypsipyle* avant de l'abandonner seule et enceinte.

Dans la seconde bolge sont châtiés les flatteurs et les adulateurs. Ils sont plongés dans un marais d'excréments comme ils se sont trempés durant leur vie dans une abjecte servilité.

La troisième bolge est réservée aux simoniaques, ceux qui moyennant de l'argent ont procédé à du trafic d'influence sacrée. Le nom vient du mage Simon * qui avait proposé au premier pape de lui acheter son don de faire des miracles[328]. Ici, les damnés sont plantés tête en bas dans leurs sépulcres tandis qu'on leur brule la plante des pieds. La vue obstruée, leurs jambes dansent une gigue désespérée et ridicule. Dante reconnaît le pape Nicolas III qui, ne voyant rien, croit entendre arriver son remplaçant, le pape Boniface VIII. Ce que Dante

[327] *Ibid.*, **DC**, p. 107.
[328] Les Actes des Apôtres (Ac 8.8 4-25).

reproche à ces papes, c'est d'avoir sali la mission de l'Église en l'impliquant dans les affaires temporelles, comme nous l'avons vu. Ici le châtiment est particulièrement raffiné : ces prêtres, dont le rôle est de baptiser les chrétiens en les plongeant dans la fosse baptismale, sortant leur tête vers le ciel pour recevoir l'Esprit saint, sont plongés dans leurs tabernacles en feu, privés pour l'éternité de toute vision.

Dans la quatrième bolge, les poètes rencontrent les mages et les devins. Ces pécheurs ont leurs têtes dévissées, entièrement tournées à l'envers. Ne pouvant plus voir devant eux, ils sont obligés de marcher à reculons. Ceux qui prétendaient voir l'avenir sur terre sont maintenant obligés de voir en arrière pour l'éternité.

Les poètes atteignent la cinquième bolge où les trafiquants sont immergés dans un bouillon de poix noire. Une multitude de démons volants aux noms exotiques – Méchante Queue, Vilain Chien, Méchant Dragon ou Barbe hérissée[329] – saisissent par les cheveux les damnés qui veulent sortir la tête de la décoction bouillante et les harponnent sur la berge pour les écorcher. Alors qu'ils veulent quitter cette bolge, les démons irrités les poursuivent. Virgile prend Dante dans ses bras en se laissant glisser dans le précipice pour atteindre le lieu des hypocrites. Là, ils observent une procession d'ombres vêtues de capes de plomb dorées très lourdes qui écrasent d'autres damnés nus et maintenus en croix par des piquets. Ces malheureuses âmes gisant au sol sont celles du grand prêtre Caïphe et des membres du concile juif qui firent crucifier le Christ, prétendument pour

329 Malacoda, Cagnazzo, Barbaricacia, Draghinazzo.

le bien du peuple hébreu : *Cet homme cloué que tu regardes donna aux pharisiens le conseil d'envoyer pour le peuple un homme au martyre*[330].

Suit une harassante escalade d'éboulis. À peine arrivé en haut, Dante perçoit difficilement, à cause de l'obscurité, un spectacle hallucinant : les voleurs courent dans tous les sens, mains liées derrière leur dos par des serpents qui leur dardent les reins. Soudain, une de ces âmes s'arrête. Un serpent se jette sur elle et la mord à la base du cou. Elle est aussitôt réduite en poussière puis retrouve sa forme à l'instar d'un phénix renaissant, pour se remettre aussitôt à courir, effrayée. Il s'agit de Vanni Fucci*, pilleur d'églises, qui prédit à Dante l'exil de tous les Blancs de Florence. Malgré le déferlement d'horreurs dans cette pointe de l'enfer, Dante nous met en garde pour la suite :

Si à présent, lecteur, tu es lent à croire
ce que je vais dire, ce n'est pas merveille,
car moi-même qui le vis j'y crois à peine[331].

La huitième bolge est remplie de flammes, chacune contenant l'âme d'un conseiller perfide. Dante y rencontre Ulysse* qui, bravant les Dieux, avait voulu pousser son navire au-delà des colonnes d'Hercule, mais finit par sombrer en peine mer. Il y rencontre aussi Guido de Montefeltro *, homme de guerre qui se fit franciscain et qui élabora un stratagème pour s'absoudre de ses péchés passés, ce qui permit au pape Boniface VIII de

[330] *Ibid.*, **DC**, p. 138.
[331] *Ibid.*, **DC**, p. 145.

gagner la bataille de Palestrina. Toutefois, Dante le place en enfer :

Car un non-repenti ne peut se faire absoudre,
vouloir et repentir ne se pouvant ensemble,
par la contradiction qui ne le permet pas[332].

Dans le neuvième bolge, Dante rencontre les fauteurs de schismes et de discorde. Les damnés y sont fendus de haut en bas, tenant leurs viscères entre les mains.

Jamais tonneau fuyant par sa barre ou sa douve
ne fut troué comme je vis une ombre,
ouverte du montant jusqu'au trou qui pète[333].

Il y voit Mahomet et Ali fauteur d'un schisme religieux, l'islam, puis le troubadour Bertran de Born*, qui doit tenir sa tête à bout de bras pour s'adresser à lui, séparé de son propre corps tout comme il avait séparé la maison royale d'Angleterre en opposant le père et le fils.

Le lecteur ou l'auditeur, hors d'haleine, arrive à la dixième bolge du huitième cercle.

Pour aller au fond, là où l'intendante
du Seigneur tout-puissant, l'infaillible justice,
punit les faussaires qu'elle inscrit sur son livre[334].

---

[332] *Ibid.*, **DC**, p. 107..
[333] *Ibid.*, **DC**, p. 155.
[334] *Ibid.*, **DC**, p. 159.

Les damnés, couverts de croûtes qu'ils arrachent avec leurs griffes, sont frappés de maladies pestilentielles. Dante doit se boucher les oreilles à leurs cris. Il y rencontre Griffolino*, faux-monnayeur d'Arezzo, et Capocchio de Florence*, faussaire de métaux et compagnon d'études de Dante, qui, assis dos à dos, se grattent leur lèpre. On y rencontre aussi Myrrha* qui, dissimulée sous une fausse apparence, devint l'amante de son père.

Virgile et Dante quittent Malbolge. Pour accéder au dernier cercle de l'enfer, ils traversent le puits des Géants. Ces derniers sont enchaînés pour avoir combattu Jupiter*. Pendant que Nemrod* sonne le cor, Antée*, qui n'a pas participé au combat, peut déposer les voyageurs à leur dernière étape. On arrive au cercle des traîtres à leurs parents et à leur patrie, pris dans la glace cristalline d'un fleuve gelé, le Cocyte[335]. Par mégarde, Dante marche sur la tête du Guelfe Bocca degli Abbati* qui trancha la main du porte-drapeau florentin à la bataille de Montaperti en 1260, provoquant la fuite de ses compatriotes. Sa rencontre la plus poignante demeure celle avec le comte Ugolino della Gherardesca, qui comme nous l'avons vu, a trahi le parti guelfe contre des territoires. L'archevêque Ruggieri* l'enferma avec ses enfants dans la tour de Pise et les laissa mourir de faim. Ugolino confesse par ce terrible vers qu'il a fini par les manger : *Puis ce que la douleur ne put, la faim le put*[336].

Enfin, on atteint le dernier cercle où Lucifer émerge de la glace, aussi laid maintenant qu'il fut beau autrefois. Il possède une

335 Dans la mythologie grecque, fleuve des enfers.
336 *Ibid.*, **DC**, p. 181.

tête à trois visages, de gigantesques ailes de chauve-souris dont les mouvements génèrent des vents glacés qui refroidissent le Cocyte. Dans ses mâchoires puissantes, il broie les plus grands traitres de l'humanité : Brutus* et Cassius* qui ont trahi César et Judas Iscariote* qui a dénoncé le Christ aux Romains.

Pour enfin sortir de l'enfer, ils escaladent la jambe gauche de Satan et sortent par une fissure où ils découvrent un ruisseau qui les mènera au purgatoire. L'auditeur ou le lecteur sort de l'enfer en apnée. Dante, l'entraînant dans cette folle aventure, a saturé ses sens. Épuisé, il ne comprend pas comment il a réussi à échapper à tant d'épreuves et décide de tout faire pour ne jamais y retourner.

L'antichambre du purgatoire

Les deux poètes arrivent enfin au purgatoire. Ici, les âmes pécheresses rachètent leurs peines. Elles le font en subissant des châtiments et en récitant des prières jusqu'à ce qu'elles soient lavées de leurs péchés. Le purgatoire est composé de sept terrasses, une par péché capital. La purgation peut prendre des milliers d'années et pour raccourcir cette durée, il importe que la famille et les proches du défunt prient pour son salut. Les prières des vivants sont connues sous le nom d'indulgences. Nous verrons que très souvent, les âmes du purgatoire demandent à Dante de rappeler à leurs proches de ne pas oublier leurs indulgences à son retour sur terre.

Le rituel des prières est fondamental au purgatoire, et chaque prière sera répétée à l'infini pour que le pécheur comprenne pourquoi il est puni et arrive à se laver définitivement du péché pour pouvoir accéder au paradis. Une fois purifié, il ne pourra pas retourner en arrière. Un tremblement de terre accompagnera son passage au paradis, pour donner de l'espoir aux autres châtiés en cours de purge. Ces prières sont très précises : *Notre Père, qui êtes aux cieux*[337] pour les orgueilleux, *Heureux les miséricordieux*[338] pour les envieux, *Agneau de Dieu*[339] pour les coléreux, *Heureux ceux qui ne sont pas souillés sur le chemin*[340] pour les paresseux, *Au Dieu très Haut*[341] pour les avares, *Seigneur, mes lèvres*[342] pour les gourmands et *Dieu*

[337] *Pater Noster.*
[338] *Beati Misericordes.*
[339] *Agnus Dei.*
[340] *Beati Pacifici.*
[341] *Excellis Deo.*
[342] *Labia Mea.*

de souveraine bonté[343] pour les luxurieux. Ce sont ces mêmes prières que les vivants entonnent chaque dimanche à l'église. *La Divine Comédie* rappelle à ses lecteurs ou auditeurs le sens de ces prières, pour éviter les affres du purgatoire.

À chaque terrasse du purgatoire, un ange veille. Lorsque Dante y entre, l'ange portier trace sur son front avec une épée sept « P », un pour chaque péché capital. Lorsque Dante aura purgé le péché d'orgueil, l'ange de l'humilité effacera le premier «P», puis l'ange de la miséricorde effacera le «P» de l'envie, l'ange de la douceur celui de la colère, l'ange de sollicitude celui de la paresse, l'ange du détachement celui de l'avarice, l'ange de la tempérance celui de la gourmandise, et enfin l'ange de la chasteté celui de la luxure. À chaque lettre « P » effacée, Dante se sentira plus léger.

Dante et Virgile sortent de l'enfer et débouchent, à l'aube, sur une grève. Dante y aperçoit quatre étoiles au ciel ; elles symbolisent les quatre vertus cardinales : la prudence, la tempérance, la force et la justice. Caton d'Utique*, gardien du purgatoire, vient à leur rencontre et il demande à Virgile :

Va donc et entoure cet homme
d'un jonc très lisse, et lave son visage,
pour effacer toutes ses tâches.

Je lui tendis mes joues pleines de larmes
et là il mit à découvert
cette couleur que l'enfer avait cachée[344].

[343] *Sume Deus Clementiae.*
[344] **DC**, *op. cit.*, p. 192.

À ce moment, ils aperçoivent un bateau qui vogue vers la rive. Un ange le manœuvre à coups d'ailes. Les âmes qui débarquent sur la plage s'étonnent de voir un vivant. Parmi eux, Dante reconnait le musicien florentin Casella* et lui demande de chanter, mais Caton* s'énerve et intime à la foule l'ordre de se purifier sans perdre de temps. Pendant ce temps, le nocher des Enfers[345] repart sur son esquif pour ramener d'autres âmes des berges du Tibre près de Rome jusqu'à la plage du purgatoire au centre de l'hémisphère Sud. Car toutes les âmes défuntes attendent qu'on vienne les chercher près du Saint-Siège.

Le soir tombe, et Dante voit son ombre s'allonger et cacher l'âme de Virgile qui ne crée aucune ombre, jusqu'à la faire disparaitre. Cette vision éveille en lui la peur d'être abandonné. Virgile le rassure et lui rappelle les limites de la raison :

Insensé qui espère que notre raison
pourra parcourir la voie infinie
que suit une substance en trois personnes.
Contentez-vous humains du quia[346] *;*
s'il vous avait été possible de tout voir
il n'était pas besoin que Marie engendrât[347] *!*

Les poètes se dirigent vers une montagne très abrupte et rencontrent un troupeau d'âmes excommuniées par l'Église mais repenties, elles chantent le *Pitié pour moi*[348]. Dante remarque un visage qui *était blond et beau, et de noble apparence, mais*

---

[345] Surnom donné à Charon*, qui fait passer aux âmes des morts les fleuves des Enfers.
[346] Le « parce que ».
[347] *Ibid.*, **DC**, p. 199.
[348] *Miserere.*

une entaille fendait l'un des sourcils[349]. Il s'agit de ce même Manfred tué à la bataille de Bénévent par Charles d'Anjou. Dante prend alors une petite revanche contre son ennemi Charles et son protecteur, le Pape : l'excommunication par l'Église, si elle retarde l'accès au paradis, ne peut l'empêcher. Et comme on pouvait s'y attendre, Manfred demande au poète de ne pas oublier de demander à sa fille Constance de faire ses indulgences pour hâter son entrée au purgatoire, ce que Dante prévoit bien de faire !

Dante et Virgile entament une montée rude et fatigante. Harassé, le premier observe le cours du soleil dans l'hémisphère Sud lorsqu'il rencontre d'autres âmes égarées, réclamant toutes de l'aide. La première demande au poète de veiller à ce qu'on fasse de bonnes oraisons à son retour à Fano pour qu'il puisse purger ses graves péchés ; une autre se lamente :

Ni Jeanne, ni nul des miens n'a cure de moi ;
Aussi je vais parmi ceux-ci la tête basse[350].

Dante est découragé par toutes ces âmes qui le pressent et dont les prières semblent sans effet. Virgile lui répond que ces prières ne sont pas vaines, et que s'il presse le pas, il comprendra tout cela, là où Béatrice l'attend. Ils reprennent une ascension difficile. Virgile rencontre une âme solitaire qui s'enflamme dès qu'elle reconnait son compatriote :

[349] *Ibid.*, **DC**, p. 200.
[350] *Ibid.*, **DC**, p. 210.

*Ô Mantouan, je suis Sordello**
de ton pays ! et l'une embrassait l'autre.
Hélas ! serve Italie, auberge de douleur
nef sans nocher dans la tempête,
non reine de provinces, mais bordel[351] *!*

Sordello se lance dans une longue diatribe sur le sort de l'Italie où empereur et peuple ont failli à leur devoir :

Ah ! hommes qui devriez être dévots
et laisser César s'asseoir sur la selle,
si vous entendez ce que Dieu vous commande.

Ô Albert allemand, qui abandonnes
celle qui est à présent indomptable et sauvage,
toi qui devrais enfourcher ses arçons
viens voir ta Rome qui pleure,
veuve, esseulée, qui jour et nuit t'appelle :
Mon César, pourquoi n'es-tu plus avec moi[352].[353]

Sordello apprend que son interlocuteur est l'illustre Virgile et accepte de guider les deux pèlerins autant qu'il lui est permis de le faire. Ils arrivent à la tombée de la nuit en haut d'un vallon fleuri et observent du haut de leur promontoire une assemblée de nobles princes : Rodolphe I de Habsbourg*, Henri de Navarre*, Ottokar* roi de Bohème et d'autres qui chantent : *Salut, ô Reine, mère de miséricorde*[354]. Tous ont en commun d'avoir été négligents et de n'avoir pas usé de leur pouvoir pour ramener la paix sur terre.

[351] *Ibid.*, **DC**, p. 214.
[352] *Ibid.*, **DC**, p. 214.
[353] *Ibid.*, **DC**, p. 214.
[354] *Salve Regina.*

En poursuivant leur ascension, les poètes rencontrent deux âmes qui entonnent avec douceur l'hymne de Saint Ambroise que chante l'homme qui s'apprête à dormir et demande à Dieu de le protéger de Satan durant la nuit : *Avant que ne s'achève le jour, nous t'en prions, Dieu Créateur, en ton inlassable bonté, veille sur nous pour notre garde*[355]...

Dante nous avertit que les choses sérieuses vont commencer :

Aiguise ici, lecteur, ton regard sur le vrai,
car le voile à présent si mince
qu'il devient aisé à traverser[356].

En effet, pendant que les trois étoiles théologales[357] brillent en haut du firmament et prennent la place des quatre étoiles qu'ils ont aperçues en arrivant sur la grève, deux éperviers célestes fendent le ciel et font fuir un serpent qui dévale la vallée, *le même peut-être qui a donné à Ève le fruit amer*[358]. Dante sombre dans un profond sommeil et rêve qu'un aigle l'emporte entre ses griffes à travers les flammes, il se réveille tout pâle.

Ne t'effraie point, dit mon seigneur ;
Rassure-toi, car nous sommes à bon port ;
Ne resserre pas ton cœur, élargis-le[359].

Ils sont en effet arrivés, c'est Sainte Lucie qui l'a porté dans ses

[355] *Te Lucis Ante*, qu'on chante aux heures canoniales.
[356] *Ibid.*, **DC**, p. 219.
[357] Ces trois étoiles symbolisent les vertus théologales que sont la Foi, l'Espérance et la Charité.
[358] *Ibid.*, **DC**, p. 220.
[359] *Ibid.*, **DC**, p. 225.

bras, endormi, jusqu'à la porte du purgatoire. Dante voit devant lui une porte gardée par un ange. Trois marches y mènent. La première, de marbre blanc, représente le repentir ; la seconde, de pierre rude, la confession ; la troisième, de porphyre rouge, symbolise la rectification du mal. L'ange grave sur son front sept lettres « P », une pour chaque péché capital et lui demande : *Souviens-toi de laver, quand tu seras dedans, ces plaies*. Puis, avec deux clefs, il ouvre la porte du purgatoire. Il suffit en effet que l'une des deux ne fonctionne pas pour que la porte reste fermée. Ces clefs représentent respectivement les œuvres des hommes et la grâce divine. Dès qu'il pénètre au purgatoire proprement dit, il entend entonner : *Aie Pitié de nous Seigneur*[360].

[360] Chant grégorien : *Te Deum Laudamus*.

Les terrasses du purgatoire

Dante accède à la première corniche du purgatoire, accueilli par le *Notre Père*. Il voit l'étrange procession des orgueilleux accablés, courbés par des poids plus ou moins lourds sur leurs épaules qui les obligent d'avancer à genoux, les yeux à terre. Il reconnait Omberto Aldobrandeschi*, dont *le sang et les belles actions de [s]es ancêtres [le] firent si arrogant, que sans penser à [leur] mère commune, [il] eut tous les hommes en un tel mépris*[361]. Et puis apparaissent Oderisi da Gubbio* et Franco Bolognese*, deux illustres artisans de son époque, que leur art fit gonfler d'orgueil. Giotto* lui-même n'échappe pas à ce triste châtiment.

C'est aussi l'occasion pour Dante de manifester sa vanité en suggérant que sa renommée en poésie dépassera probablement celle de ses deux amis : Guido Guinizelli et Guido Cavalcanti.

Ainsi un Guido a pris à l'autre
la gloire du langage ; mais peut-être est né
celui qui chassera l'un et l'autre du nid.

Les pèlerins observent maintenant le sol de cette corniche où plusieurs exemples d'orgueil, tirés de l'histoire ou de la mythologie, sont gravés. Les présomptueux ayant les yeux tournés vers le sol, cela les oblige à méditer pendant les nombreuses années que durera leur châtiment. Pendant qu'il commence à quitter cette corniche, Dante ne cesse de

[361] **DC**, *op. cit.*, p. 237.

s'émerveiller de la beauté et de la pertinence de ces gravures :

Quel fut le maitre de plume et de pinceau
capable de tracer ces ombres et ces traits
qui feraient s'étonner tout esprit subtil[362] *?*

L'ange de l'humilité les accueille, effaçant le premier « P » du front de Dante et permettant ainsi son passage à la deuxième corniche.

Les envieux, deux par deux, chantent *Bienheureux les miséricordieux* enveloppés de manteaux couleur de pierre et adossés aux parois de la corniche, les paupières cousues de fil de fer. Ici, Dante rencontre Guido del Duca* et Rinieri da Calboli* qui lui expliquent que l'envie est la source des malheurs qui accablent la vallée de l'Arno et l'Italie :

[...] *il est juste que périsse le nom de cette vallée ; car à sa source... jusqu'à sa rive... on fuit la vertu en ennemi... Parmi d'affreux porcs, plus dignes de glands que de nourriture à l'usage des hommes, il se fraie d'abord son pauvre cours. Puis en descendant il trouve des roquets plus hargneux qui n'en ont la force,... il va de chute en chute ; et plus il s'enfle, plus le ruisseau maudit et misérable trouve de chiens qui se font loups ; quand il est descendu par des bassins profonds, ils trouvent des renards si pleins de ruse qu'ils ne craignent pas de piège qui les prenne*[363] [...]

[362] *Ibid.*, **DC**, p. 239.
[363] *Ibid.*, **DC**, p. 249.

À la fin, Dante est si accablé que Virgile l'invite à poursuivre le chemin. L'ange de la miséricorde les fait accéder à la corniche suivante.

Dans la troisième terrasse, les coléreux marchent dans la fumée âcre de l'obscurantisme.

Dante rencontre Marco Lombardo*qui lui explique que Dieu a créé l'homme pour aimer son prochain avec la capacité de libre arbitre pour distinguer le bien du mal. Lorsque ce dernier détourne l'amour de son but initial, naissent les vices. Ainsi, lorsque l'amour se tourne vers soi, il conduit à l'envie, la colère et l'orgueil ; lorsqu'il est abandonné, il conduit à la paresse, et lorsqu'il devient excessif, il se transforme en gourmandise et en luxure. C'est parce que l'homme ne fait pas bon usage de ce bien dont Dieu l'a doté, et que l'Église s'est emparée d'un pouvoir temporel qui n'est pas sien, que la société devient corrompue et que naissent inégalités et guerre.

Dis désormais que l'église de Rome
pour confondre en soi deux pouvoirs,
tombe dans la boue, et souille soi-même et sa charge[364].

Il enjoint les hommes à utiliser leur libre arbitre à bon escient car Dieu les a prédestinés à faire usage de cette faculté :

Vous qui vivez, vous rapportez toute cause
au ciel seulement, comme s'il mouvait
toute chose avec lui, par nécessité.

[364] *Ibid.*, **DC**, p. 258.

S'il en était ainsi, le libre arbitre
serait détruit pour vous, et il serait injuste
qu'on eût joie pour le bien et peine pour le mal[365].

Les trois progressent en tâtonnant dans *l'air sale et amer*[366] en écoutant les châtiés entonner *Agneau de Dieu* pour délier le nœud de la colère, puis accèdent à la quatrième corniche.

La paresse (*acidia*) contraint les châtiés à courir sans cesse autour de la montagne. Ici comme ailleurs, Dante rencontre des âmes qui lui rappellent des exemples de paresse puisés dans la Bible (la mort des Israélites dans le désert) ou dans la mythologie (les partisans de Énée qui s'arrêtèrent en Sicile et ne le suivirent pas jusqu'au bout) ou dans l'histoire (Gherardo*, l'abbé du monastère de Saint-Zénon, qui fut un grand paresseux). Enfin, il accède à la cinquième corniche.

Là-bas, le châtiment de l'avarice et de la prodigalité consiste à se retrouver pieds et poings liés face contre terre, sans pouvoir regarder le ciel. Dante rencontre le pape Adrien V* et, par respect pour la dignité pontificale, s'agenouille devant lui, mais le pape le tance :

Redresse tes jambes, lève-toi, mon frère !
répondit-il. Ne fais pas erreur : je suis serf
avec toi et les autres d'un seul pouvoir[367].

Puisque dans l'au-delà, l'union du pape avec l'Église s'achève et que celui-ci devient un mortel comme les autres.

---

[365] *Ibid.*, **DC**, p. 257.
[366] *Ibid.*, **DC**, p. 257.
[367] *Ibid.*, **DC**, p. 270.

Dans cette corniche, Dante entend les pénitents se remémorer des exemples de dévouement ou de générosité, telles Marie qui accoucha dans une simple étable ou la Samaritaine qui donna à boire à Jésus au puits de Jacob[368]. Puis il rencontre Hughes Capet*, fondateur des Capétiens, qui se lamente avec dégoût sur sa descendance, *cet arbre mauvais*[369], qui par appât du gain a semé la discorde : il s'agit de Charles d'Anjou et de sa campagne d'Italie, de Charles de Valois qui s'est emparé de Florence en 1301 et du transfert de la papauté en Avignon, *et de faire du Christ le captif de son vicaire*[370].

Alors qu'aucun phénomène terrestre ne subsiste au purgatoire et ne vient perturber les prières et les châtiments, un tremblement de terre surprend les poètes pour rappeler aux âmes en cours de purgation que l'une d'entre elles se dresse pour monter au ciel.

Ils rencontrent alors Stace*, poète latin du Ier siècle qui s'est converti au christianisme après la lecture de *L'Énéide*, mais ne l'a pas révélé à cause de la persécution de Domitien*. Il est si surpris de se retrouver face à son maitre qu'il se jette pour lui embrasser les pieds, mais Virgile l'en empêche : *Frère ne le fais pas, car tu es ombre et vois une ombre*[371]. À partir de ce moment, Stace*, qui purge la peine de la prodigalité, va les escorter jusqu'à la porte du paradis.

---

[368] Évangile selon Saint Jean (IV, 6-15).
[369] *Ibid.*, **DC**, p. 275.
[370] *Ibid.*, **DC**, p. 276.
[371] *Ibid.*, **DC**, p. 278.

Mais ce doux parler fut vite interrompu
par un arbre qui était au milieu du chemin
chargé de fruits à l'odeur suave et bonne[372].

En effet, nos trois compères ont atteint la sixième corniche, là où est punie la gourmandise (*gula*). Le parfum des fruits de deux arbres et l'écoulement de la rosée excitent la faim et la soif des repentis, maigres et décharnés. Ils entendent les âmes chanter un des versets des *Psaumes* : *Mes lèvres, Seigneur*. Dante se dit *Voici le peuple qui perdit Jérusalem lorsque Marie becqueta son fils*[373]. Il s'agit d'une légende qui veut que lorsque Titus fit détruire le second temple de Jérusalem en 70, la famine fut si grande qu'une femme du nom de Marie finit par manger son fils.

Parmi la multitude de réprouvés, Dante reconnait la voix de son ami Forese Donati avec qui il échangeait des poèmes. Forese lui apprend que grâce aux indulgences de sa douce épouse Nella, il a réussi à gravir plus vite les cercles du purgatoire, mais aussi que son frère Corso, chef des Guelfes Noirs, va bientôt mourir. Or Dante, alors qu'il savait que Corso était mort pendant l'écriture du *Purgatoire*, nous présente cette annonce comme une prophétie puisque nous sommes censés être en 1300. Pendant qu'ils devisent, ils rencontrent le poète Buonagiunta* qui imita les Siciliens et les Provençaux, et qui à la vue de Dante entonne le premier vers de la *Vita Nova* : *Dames qui avez intelligence d'amour*[374]. Nos poètes continuent

[372] *Ibid.*, **DC**, p. 284.
[373] *Ibid.*, **DC**, p. 285.
[374] *Ibid.*, **DC**, p. 289.

leur visite et rencontrent plusieurs autres poètes du doux style nouveau, ayant tous en commun d'avoir été gourmands.

Ils se retrouvent maintenant face au second pommier. Stace les avertit :

Passez outre sans vous approcher
un arbre est plus haut, qui fut mordu par Ève
et cet arbre-ci est venu de lui[375].

Dante s'interroge : *Comment peut-on maigrir là où le besoin de nourrir n'a pas cours*[376]*?* Alors Stace lui apprend que l'âme s'infuse dans le corps, si bien que lorsqu'elle s'en sépare à la mort, elle peut encore éprouver joie et peine. Il lui dit que *jadis un plus savant que toi*[377], il nomme Averroès, s'était trompé en séparant l'âme du corps. Pour illustrer son propos, il raconte le mythe de Méléagre* selon Ovide*. Méléagre ne devait vivre, à sa naissance, que le temps de la combustion complète d'un tison allumé. Sa mère Athéa* éteignit le tison et le cacha, mais lorsque Méléagre, dans une dispute, tua ses oncles, sa mère, en colère, jeta le tison dans le feu et Méléagre se consuma en quelques instants. Dante évoque aussi Lachésis*, la Parque grecque qui tourne le fuseau et enroule les vies humaines :

Quand Lachésis n'a plus de lin
l'âme quitte la chair, et en puissance,
emporte avec soi l'humain et le divin[378].

[375] *Ibid.*, **DC**, p. 292.
[376] *Ibid.*, **DC**, p. 293.
[377] *Ibid.*, **DC**, p. 296.
[378] *Ibid.*, **DC**, p. 296.

L'ange de la tempérance les fait passer à la dernière corniche du purgatoire où les luxurieux et les sodomites marchent à contre sens dans le feu de la passion en chantant le premier psaume de l'hymne contre la luxure, *Dieu de suprême clémence*. Guido Guinizelli, créateur du *dolce stil novo*, leur explique que la file qui de temps à autre crie Sodome ! est punie pour son homosexualité, tandis que celle qui crie Pasiphaé ! est punie pour ses amours hétérosexuelles effrénées. Dante exprime son admiration pour Guinizelli : *Vos doux écrits, tant que durera l'usage moderne, feront que leur encre sera chérie*[379]. Puis il compose une strophe en provençal pour son ami Arnaut Daniel*.

Assez vite, l'ange de la chasteté invite Dante, reconnu coupable de luxure, à entrer dans les flammes. Le poète, pétri de peur, hésite à s'engager, mais Virgile l'encourage : *Vois donc, mon fils : entre Béatrice et toi il y a ce mur*[380]. Alors Dante subit son premier châtiment, guidé par les paroles du Christ[381] et encadré par Virgile et Stace.

Quand je fus dedans, je me serais jeté
dans du verre bouillant pour me rafraîchir
tant l'incendie y était sans mesure[382].

Le supplice de courte durée terminé, Dante se repose en admirant le ciel, dont les étoiles sont devenues plus grandes et plus claires, et sombre dans un profond sommeil. Il se réveille

---

379 *Ibid.*, **DC**, p. 298.
380 *Ibid.*, **DC**, p. 303.
381 Évangile selon Saint Mathieu*, XXV, 34, *Venez, bénis de mon père.*
382 **DC**, *op. cit.*, p. 303.

aux portes du paradis et Virgile, qui a presque terminé sa mission, lui dit :

Je t'ai mené ici par la science et par l'art ;
Prends désormais ton plaisir pour guide ;
Tu es hors des voies étroites et escarpées.

N'attends plus mon dire ni mon signe ;
Ton jugement est libre, droit et sain,
ne pas faire à son gré serait une faute :
Aussi je mets sur toi la couronne et la mitre[383].

[383] *Ibid.*, **DC**, p. 304. La mitre symbolise la couronne d'épines que le Christ a ceint avant sa crucifixion.

L'entrée au paradis

Au terme de leur ascension, Dante et ses deux guides arrivent au paradis terrestre, là où vécurent Adam et Ève. Ils cheminent dans un sublime jardin lorsqu'un fleuve leur barre la route. Sur l'autre berge apparait une belle et mystérieuse femme qui chante de merveilleuses mélodies. Dès qu'ils s'approchent, elle leur parle et leur apprend qu'ici les cours d'eau ne sont pas fournis par la pluie et les lois de la nature mais sont alimentés en continu par la seule volonté de Dieu. Le fleuve qu'ils observent s'appelle le Léthé[384], l'autre fleuve qu'ils verront plus tard s'appelle l'Eunoé. Ces fleuves ont des vertus miraculeuses : boire l'eau du Léthé provoque l'oubli des péchés. Au contraire, l'eau de l'Eunoé réveille la mémoire de toutes les bonnes actions que les hommes ont accomplies sur la terre. Si Dante hérite de Virgile le nom du Léthé, il invente complètement l'Eunoé. Dans tous les cas, ces fleuves sont différents de la narration biblique (le Tigre, l'Euphrate, le Gibon et le Pishon). Pendant que la mystérieuse Matelda leur parle, on perçoit à quel point Dante regrette que l'humanité entière ait perdu les délices du paradis terrestre à cause du péché originel.

Mais son regard se tourne alors vers une curieuse procession qui s'avance vers eux. Sept candélabres en or apparaissent à l'horizon. Leurs flammes laissent derrière elles des traînées lumineuses qui masquent un char tiré par un griffon. Vingt-quatre vieillards aux vêtements blancs couronnés de

[384] Fleuve imaginaire du purgatoire inventé par Dante. En grec, signifie oubli.

fleurs de lys et quatre animaux – un aigle, un lion, un veau et un homme – entourent le char. Les candélabres symbolisent le Saint-Esprit et ses sept dons[385] qui ont inspiré les livres sacrés de l'Ancien et du Nouveau Testament. Le char représente l'Église, le griffon aux deux natures représente le Christ, à la fois homme et Dieu. Les vingt-quatre vieillards représentent les vingt-quatre livres de l'Ancien Testament, tandis que les quatre animaux représentent les quatre évangiles dans l'Apocalypse : Saint Jean l'aigle, Saint Marc* le lion, Saint Mathieu* le veau et Saint Luc l'homme. À droite du char, trois jeunes filles dansent. La première habillée en blanc représente la Foi, la seconde vêtue de vert représente l'Espérance, et la troisième, rouge, représente la Charité. Il s'agit des trois vertus théologales définies ainsi par Saint Paul* et par Saint Thomas d'Aquin. À gauche du char, quatre jeunes filles vêtues de pourpre dansent en suivant l'une des leurs qui a trois yeux. Elles symbolisent les quatre vertus cardinales : Force, Justice, Tempérance et Prudence. Et comme on n'est jamais trop prudent, il faut bien trois yeux à la Prudence pour les guider ! Ici, Dante souhaite attirer notre attention sur la différence qui existe entre les quatre vertus cardinales rencontrées à l'entrée du purgatoire, vertus morales qui peuvent être acquises par l'effort propre de l'homme, y compris le païen, et les trois vertus théologales, qui sont infusées à l'homme par la grâce divine et qu'il place cette fois-ci à l'entrée du paradis.

Lorsque la procession arrive près de Dante, un tonnerre gronde

[385] La sagesse, l'intelligence, la prudence, la force, la science, la piété et la crainte.

et tout s'arrête brusquement. Cet arrêt symbolise le Jugement universel, normalement situé à la fin de l'histoire, mais qui s'adresse ici à Dante en tant que représentant de l'humanité dans le contexte d'une exemplarité médiévale. On entend alors entonner le Cantique des cantiques : *Viens, épouse du Liban*[386]. Dante compare les anges qui se lèvent pour ce chant avec les âmes bienheureuses qui se lèveront au jour du Jugement universel.

Alors apparait Béatrice, comme apparaitra le Christ le jour du Jugement. Une image médiévale, non irrévérencieuse, que Dante a déjà utilisé dans le chant XXIII de la *Vita Nova* en attribuant à Béatrice des images que les saintes Écritures réfèrent au Christ. Béatrice apparait aussi, dans ce contexte du Cantique des cantiques, comme la femme angélique qui conduit son amant vers Dieu, un thème récurrent du *dolce stil novo*.

Au moment où Béatrice apparait, Virgile disparait.

Mais Virgile nous a laissés
privés de lui, Virgile mon doux père,
Virgile à qui je m'étais donné pour mon salut ;
et tout ce que perdit l'antique mère
n'empêcha pas mes joues, lavées de rosée,
de se ternir à nouveau de pleurs[387].

Béatrice l'accueille sèchement :

[386] Cantique des cantiques, IV, 8.
[387] **DC**, *op. cit.*, p. 315.

Regarde ! Je suis bien, je suis bien Béatrice.
Comment as-tu osé accéder à ce mont ?
Ne savais-tu pas qu'ici l'homme est heureux[388] *?*

En effet elle sait que Dante a péché, qu'après sa mort jeune et belle, il a suivi *des sentiers d'erreur* et que malgré toutes ses prières pour le ramener dans la voie juste, il *tomba si bas* que pour le sauver *tous les moyens étaient impuissants sauf à lui montrer les damnés*. Dante pleure et Béatrice ne cesse de confondre celui qui demeura longtemps impénitent. Enfin, les danseuses finissent par demander à Béatrice d'arrêter d'accabler ce malheureux qui a parcouru un si long chemin par amour pour elle, et lui demandent de présenter sa bouche à Dante :

Tourne, Béatrice, tourne tes yeux saints
-telle était leur chanson- sur ton fidèle
qui, pour te voir, a tant marché !
Par grâce fais-nous la grâce de dévoiler
pour lui ta bouche, pour qu'il discerne
la seconde beauté que tu caches[389].

À ce moment, l'arbre se met à refleurir. La procession accompagne la refloraison d'un chant si sublime que Dante s'évanouit. Lorsqu'il se réveille, le griffon et toute la procession sont partis, laissant Matelda, Béatrice, Dante et les sept danseuses sur place.

388 *Ibid.*, **DC**, p. 316.
389 *Ibid.*, **DC**, p. 322.

Mais surgit alors un aigle qui saccage le char et le remplit de ses plumes, puis un renard qui laisse sur ses traces de mauvaises herbes, enfin une prostituée qui embrasse un géant. Béatrice annonce à Dante qu'un personnage viendra tuer la prostituée et le géant. Il s'agit là d'une scène étrange pleine de symboles : l'aigle représente l'Empire qui a persécuté les premiers chrétiens. Le char rempli de plumes évoque l'Église corrompue par la donation de Constantin. Le renard et les mauvaises herbes suggèrent les nombreuses hérésies qui ont suivi, dont l'islam pour Dante. La prostituée symbolise la papauté captive du roi de France en Avignon, le roi étant représenté par le géant.

Enfin, Dante et Stace se baignent dans le Léthé et boivent les eaux de l'Eunoé. Dante est prêt pour s'envoler au paradis avec Béatrice.

Le paradis

Le paradis de Dante est certainement le royaume de Dieu le plus lumineux, le plus évanescent et le plus poétique de *La Divine Comédie*. Les scènes pittoresques font place à des discours apaisés de théologie. Le royaume des cieux est composé de sept cieux, correspondant chacun à une planète qui gravite autour de la Terre, de la plus lente à la plus rapide : la Lune, Mercure, Vénus, le Soleil, Mars et Jupiter dont les intelligences motrices sont les anges. Au-delà de ces sept étoiles se trouve le ciel des étoiles fixes, surmonté du ciel cristallin qui contient le premier mobile qui ordonne de son mouvement la révolution de toutes les autres planètes. Ce dernier ciel est surmonté du ciel empyréen[390] : il est de pure lumière, immobile et renferme l'univers entier. Il contient la demeure du Seigneur, au-delà de laquelle il n'est plus rien. Ici, les âmes bienheureuses conservent leur personnalité de la vie mortelle, elles n'ont pas subi la mort de l'âme (la seconde mort) comme celles des damnés en enfer, ne sont pas affairées à se purifier comme au purgatoire : au contraire, elles peuvent faire ce qu'elles ont toujours aimé et fréquenter les âmes qu'elles auraient aimé connaître durant leur vie sur Terre.

[390] Aussi nommé l'empyrée.

Les sept cieux

Dante s'apprête à vivre une expérience inédite, peut-être ineffable, et prévient le lecteur ou l'auditeur que tout le monde risque de s'y perdre :

Vous qui êtes en une petite barque,
désireux d'entendre, ayant suivi
mon navire qui vogue en chantant
retournez revoir vos rivages,
ne gagnez pas le large, car peut-être,
en me perdant vous seriez égarés[391].

L'arrivée sur le ciel de la Lune commence par une méprise : Dante aperçoit des visages si beaux qu'il croit d'abord qu'ils sont le reflet d'images sur l'eau, pour se rendre compte ensuite de son erreur. En effet, plus on monte dans les cieux, plus les visages des bienheureux paraissent embellis. C'est d'ailleurs par ce moyen, en regardant Béatrice, qu'il se rendra compte de chaque changement de ciel.

Dans le ciel de la Lune résident les âmes dont les vœux n'ont pas été complètement accomplis sur Terre. Une âme désireuse de lui parler se présente : c'est celle de Piccarda, la sœur de son ami Forese Donati, qui avait fait vœu de chasteté en entrant au Couvent des Clarisses lorsque son frère Corso, podestat de Bologne, vint pour l'arracher de force et la marier à son ami Roselino à qui il l'avait promise, rompant ainsi contre

[391] **DC**, *op. cit.*, p. 343.

sa volonté ses vœux monastiques. Elle est accompagnée de Constance d'Altavilla, qui fut contrainte de la même manière d'épouser Henri IV. Elles sont toutes les deux, de ce fait, au plus bas cicl du Paradis.

Et ce sort, qui semble si bas
nous est donné parce que nos vœux
furent négligés, et désavoués parfois[392].

Dante, profondément ému, ne comprend pas ce sort injuste, mais Piccarda le corrige :

Si nous désirions être plus haut
nos désirs seraient désaccordés
au vouloir de celui qui assigne nos places[393].

Et c'est là une autre caractéristique du paradis : le bienheureux se sent bien à sa place, quel que soit le ciel où il est placé.

Le cas de Piccarda soulève le problème plus général des objecteurs de conscience. Béatrice, qui observe la scène, invite Dante à s'inspirer de la force de caractère d'un Mucius Scaevola* ou du martyre de Saint Laurent*[394] plutôt que de s'apitoyer sur ces âmes, car pour elle, un vœu religieux est sacré et s'il n'a pu été accompli, il ne peut être supprimé quelle qu'en soit la cause.

Béatrice et Dante s'envolent ensuite au ciel de Mercure où sont

[392] *Ibid.*, **DC**, p. 345.
[393] *Ibid.*, **DC**, p. 347.
[394] Saint Laurent a affronté le bucher plutôt que de renoncer à la foi.

les êtres humains qui, sur Terre, ont bien agi, par désir d'honneur et de gloire. Dante y rencontre l'Empereur Justinien* : c'est l'occasion de faire l'apologie de l'Empire. Justinien raconte sa conversion au christianisme grâce au pape Agapet I*, le soin qu'il a pris pour améliorer la législation romaine, le choix qu'il fit du général Bélisaire*, qui par ses victoires en Orient comme en Occident, apporta paix et stabilité dans l'Empire. Justinien nous conte aussi la fondation de Rome par Énée*[395], ses débuts difficiles, ses grands généraux et dictateurs qui réussirent à écarter la menace arabe[396] de Hannibal et à conquérir la Gaule et l'Égypte, la destruction du temple de Jérusalem par Titus que Dante justifie comme une vengeance légitime de la mise à mort du Christ. L'empereur raconte ensuite la fin difficile de l'Empire romain et du relais pris par Charlemagne, qui instaura un autre Empire et sauva l'Italie des crocs des Lombards.

Le chant VI du *Paradis* est consacré à l'Empire, comme le fut le chant VI du *Purgatoire* à l'Italie et le chant VI de L'Enfer à Florence. Seul l'Empereur peut garantir la paix selon Justinien, car possédant tout, il n'a pas soif de richesses et de territoires, si bien qu'il peut se consacrer à bâtir la paix nécessaire au monde. Justinien en profite pour égratigner les Gibelins et les Guelfes, des partis incapables par leur vision étriquée d'apporter une quelconque issue à la crise que connait l'Italie.

Dante rencontre ensuite l'âme de Romieu de Villeneuve*, ministre de Raymond Bérenger IV*, comte de Provence, qui malgré les excellents services qu'il rendit à son maitre, fut

395 Il s'agit bien sûr d'une fable faisant référence à *L'Énéide*.

396 C'est ainsi qu'on désignait les habitants d'Afrique du Nord au Moyen Âge, et par extension, les Carthaginois.

victime de l'envie de la cour et chassé en exil :

Et puis pauvre et vieux, il partit ;
et si le monde savait le cœur qu'il eut,
mendiant sa vie bouchée par bouchée,
il le loue bien mais il le louerait mieux[397].

Les commentateurs de *La Divine Comédie* soulignent le parallèle qui existe entre Romieu de Villeneuve et Dante, et pensent que ce dernier, en introduisant son frère spirituel dans ce chant, se verrait bien dans le ciel de Mercure, une fois mort.

Béatrice et Dante s'envolent pour le ciel de Vénus, et le poète se rend compte qu'ils sont arrivés dès qu'il *voit sa dame devenir plus belle*[398]. Ici séjournent les bienheureux qui ont brulé d'amour, même profane, pourvu qu'ils se soient repentis. Une âme s'adresse à Dante en déclamant un vers du poète tiré du *Convivio* : *Vous dont l'esprit meut le troisième ciel*[399]. Il s'agit de l'âme de Charles Martel, fils de Charles II* et petit-fils de Charles I d'Anjou, qui hérite du royaume de Hongrie par son mariage avec Constance, mais meurt prématurément à vingt-six ans. Charles Martel critique l'exécrable politique de son grand-père, qui a fait perdre à sa lignée la couronne de Sicile[400], et le mauvais gouvernement de son frère Robert*, roi de Naples, né pourtant d'un bon père, mais d'un tempérament avare et entouré de conseillers cupides :

---

[397] *Ibid.*, **DC**, p. 358.
[398] *Ibid.*, **DC**, p. 362.
[399] *Ibid.*, **DC**, p. 363.
[400] Suite aux vêpres siciliennes comme nous l'avons vu dans les chapitres précédents.

Il faudra qu'il pourvoit, lui ou un autre,
à ne pas charger davantage sa barque
qui est déjà trop bien chargée[401].

Dante s'étonne que Robert n'ait pas hérité des qualités de son père. Charles Martel lui répond que la nature est bien faite car Dieu distribue équitablement les dons, mais que c'est l'humanité qui s'égare en faisant d'un homme de guerre un chef religieux et en faisant roi quelqu'un qui aurait dû être prêtre.

Dans ce ciel, Dante rencontre l'âme du troubadour Folquet de Marseille*, qui prédit que Rome sera bientôt débarrassée du pape Boniface VIII qui a transformé Florence en plante de Satan.

Mais le Vatican et les autres lieux de Rome
qui furent le cimetière de la milice que Pierre
a suivie, seront bientôt libres de l'adultère[402].

Dante, qui écrit ce chant du *Paradis* autour de 1315, sait bien sûr que Boniface VIII a été écarté du pontificat, mais comme nous sommes censés être en 1300, cet évènement devient prédiction et renforce le réalisme de *La Divine Comédie*.

Béatrice et Dante rejoignent le ciel du Soleil où sont réunis les sages, les théologiens et les philosophes. Ils sont accueillis par le dominicain Saint Thomas d'Aquin qui leur présente la

---

[401] *Ibid.*, **DC**, p. 363.
[402] *Ibid.*, **DC**, p. 369.

couronne lumineuse des onze sages : Albert le Grand, théologien dominicain ; Gratien, moine et auteur du *Decretum* ; Pierre Lombard*, professeur de théologie ; Salomon*, roi d'Israël ; Denys l'Aréopagite*, auteur de traités de théologie mystique ; Boèce*, auteur de la consolation de la philosophie ; Isidore*, évêque de Séville ; Bède le vénérable*, qui a écrit l'histoire ecclésiastique du peuple anglais, et le mystique Richard de Saint-Victor*. Le onzième sage est très intéressant. Il s'agit de Siger de Brabant, maitre de l'averroïsme latin, un homme qui a été condamné pour hérésie. Dante a non seulement l'audace de le béatifier, mais il présente aussi son détracteur, Saint Thomas d'Aquin, en parler avec enthousiasme. Quand on sait que Dante a déjà placé Averroès dans le beau château des maitres de la philosophie dans les limbes, on se dit que notre poète reste malgré tout séduit par l'averroïsme. Lui qui pensait que les ordres mendiants avaient sauvé la mission de l'Église, il fait faire à Saint Thomas d'Aquin, un Dominicain, l'éloge de Saint François d'Assise*, un frère mineur qui épousa la pauvreté :

Car tout jeune, il causa la colère de son père
pour une dame à qui, comme à la mort,
nul ne dessert la porte du plaisir ;
et devant sa cour spirituelle
et coram pâtre il s'unit à elle ;
puis de jour en jour il l'aima plus fort[403].

Il nous parle de l'enthousiasme que la vie pauvre de Saint François suscite chez ses premiers disciples (Sylvestre,

403 *Ibid.*, **DC**, p. 373.

Egidio* et Bernard le Vénérable*), puis de l'approbation de la règle par le Pape. Enfin il achève cet éloge par une critique de son propre ordre, qui a délaissé l'enseignement de Saint Dominique* pour chercher d'autres pâtures.

C'est au tour de Saint Bonaventure*, un franciscain opposé aux idées de Saint Thomas d'Aquin, de faire l'éloge de Saint Dominique, qui s'est marié avec la foi et a fondé un ordre pour défendre la théologie contre les hérétiques :

Puis, avec doctrine et vouloir, et avec le mandat
pontifical, il s'élança
comme un torrent jailli de haute source ;
et son élan frappa les ronces
hérétiques, plus violemment là
où les résistances étaient plus fortes[404].

Béatrice et Dante quittent le cercle des théologiens, autrefois opposés sur terre mais maintenant pacifiés au paradis, pour rejoindre le ciel de Mars où sont les âmes de ceux qui ont combattu pour la foi du Christ. Au ciel de Mars, Dante rencontre son trisaïeul Cacciaguida* :

Ô mon feuillage, qui m'a réjoui
dans la seule attente, je fus ta racine[405].

Cacciaguida vante les mérites de l'ancienne Florence de son temps, où la fille ne faisait pas peur à son père car sa dot était

[404] *Ibid.*, **DC**, p. 377.
[405] *Ibid.*, **DC**, p. 388.

raisonnable, où les femmes modestes ne portaient ni parures ni fourrures, occupées à la quenouille et au fuseau.

Florence en son antique enceinte
où elle sonne encore la tierce et la nonne,
était en paix, sobre et pudique[406].

La décadence de Florence, selon lui, est venue de l'afflux des populations rustres des bourgades de la périphérie qui ont amené les mauvaises manières et la corruption :

Ô comme il vaudrait mieux avoir pour voisins
les gens que je dis, et que vos confins
soient à Galluzzo et Trespiano
plutôt que dans la ville, et supporter la puanteur
du vilain d'Agulfon, de celui de Signa
qui a déjà l'œil aux aguets pour escroquer[407].

Cacciaguida lui apprend qu'il a suivi l'empereur Conrad II de Souabe* à la deuxième croisade, que celui-ci l'a élevé à la chevalerie et qu'il est mort en martyre à Jérusalem. Dante demande à son trisaïeul de lui prédire son avenir. Sans surprise, il lui apprend l'amertume de l'exil :

Tu sentiras comme a saveur de sel
le pain d'autrui, et comme il est dur
de descendre et monter l'escalier d'autrui[408].

---

[406] *Ibid.*, **DC**, p. 388.
[407] *Ibid.*, **DC**, p. 391.
[408] *Ibid.*, **DC**, p. 396.

Il le conforte cependant dans sa mission présente :

Néanmoins, écartant tout mensonge,
porte au jour ta vision tout entière
et laisse gratter là où est la gale[409].

Béatrice et Dante s'envolent alors pour le ciel de Jupiter où séjournent les âmes des princes qui ont défendu la justice. Ils observent ce ciel où des lettres s'alignent, formant une phrase du Livre de la Sagesse : *Aimez la justice, vous qui jugez la terre*. La dernière lettre de cette phrase en latin[410] est un M gothique. Ce M se transforme en aigle, symbole de l'empire. Dante comprend que la justice sur Terre vient du ciel et déplore de nouveau les errements de la papauté, le mauvais usage de l'excommunication et la cupidité des papes.

Enfin, Béatrice et Dante s'envolent vers le dernier ciel, Saturne, où séjournent les âmes des contemplatifs. Saint Benoît* leur explique qu'ici se trouvent les fondateurs de monastères. Tout y est silence, et Béatrice ne doit pas sourire, car l'éclat de ses dents perturberait l'atmosphère de recueillement. Saint Benoît les invite maintenant à emprunter l'échelle d'or de David pour rejoindre le ciel des étoiles fixes.

409 *Ibid.*, **DC**, p. 391.
410 *Diligite Iustitiam, Qui Iudicatis terram.*

Les derniers cieux et l'empyrée

Arrivé au ciel des étoiles fixes, le poète prend conscience des limites humaines face à la vision de milliers d'astres qui submergent tout d'une lumière immense. Béatrice l'invite toutefois à bien observer sa bouche, car ayant multiplié sa puissance visuelle, il est pour la première fois à même de soutenir le regard de son sourire. Rappelons qu'au Moyen Âge, cela signifie que Dante a assimilé tous les enseignements qu'il a reçu. Il est prêt maintenant à passer les trois épreuves qui le séparent de la vision de Dieu. Saint Pierre lui fait passer l'examen sur la Foi, Saint Jacques* celui sur l'Espérance, et enfin Saint Jean l'Évangéliste celui sur la Charité. Le succès de Dante à ces trois épreuves témoigne qu'il a acquis les ultimes vertus théologales.

Dante est conscient qu'il a atteint son objectif, non seulement le salut de son âme, mais aussi le sommet de son art :

Si jamais il advient que le poème sacré
où le ciel et la terre ont mis la main,
et qui m'a rendu maigre pendant des années,
vainque la cruauté qui me tient au dehors
du beau bercail où je dormis agneau
ennemi des loups qui lui font la guerre,
et avec une autre voix alors, avec une autre laine,
je reviendrai poète, et sur les fonts
de mon baptême je prendrai la couronne[411].

[411] **DC**, *op. cit.*, p. 423.

Béatrice et Dante arrivent au ciel empyrée. Le poète observe les chœurs angéliques disparaitre pour laisser place à un point lumineux. Il sait qu'il doit abandonner Béatrice :

Du premier jour où je vis son visage
en cette vie, jusqu'à cette vision,
le cours de mon chant n'a pas été rompu ;
mais il faut à présent que cesse ma poursuite
derrière sa beauté, en poésie,
comme tout artiste à sa limite[412].

Pendant que Béatrice disparait, Dante admire, comme un enfant, la rose blanche. Elle laisse place à un vieillard tout de blanc vêtu : Saint Bernard. Ce dernier prie la Sainte Vierge, qui avait eu pitié de Dante au début de L'Enfer, et qui va de nouveau permettre au pénitent d'obtenir la béatitude suprême : la vision de Dieu face à face.

Ainsi mon âme, tout en suspens,
regardait fixement, immobile, attentive
et s'enflammait sans cesse à regarder encore
à cette lumière on devient tel,
que se détourner d'elle pour une autre vision
est impossible à jamais consentir[413].

La fin de *La Divine Comédie* sonne comme un recommencement.

---

[412] *Ibid.*, **DC**, p. 447.
[413] *Ibid.*, **DC**, p. 458.

Originalité de La Divine Comédie

Cet immense poème est un torrent qui emporte l'auditeur dans ses flots car il a vocation à être déclamé en italien. Dans la rue, l'auditeur est tour à tour glacé d'effroi, rassuré ou subjugué. Il vit ce voyage collé à Dante, qui ne cesse de l'interpeller et semble lui dire : *regarde, aiguise tes sens, utilise ta raison pour comprendre le sens profond !* Il observe les régnants qui brulent, pataugent dans un infect bouillon, attendent résignés dans le purgatoire des milliers d'années dans la souffrance pour purger leurs peines. Même les papes qui, sur terre, ont le pouvoir d'absoudre les péchés, n'échappent pas à ce sort.

Pour accentuer ce sentiment, Dante invente la *terzina*, c'est-à-dire des vers rassemblés trois par trois, tercet à tercet, avec des rimes alternées. Trois rimes enchainées à trois autres rimes, qui laissent place à leur tour aux trois suivantes. Ce rythme va se renouveler quatre-mille-sept-cent-cinquante fois et donner l'impression d'un flot puissant que rien n'arrête. C'est une grande nouveauté dans la littérature. Dante s'impose cette contrainte poétique pour honorer le symbole divin de la trinité.

Mais l'audace de Dante va encore plus loin que la performance poétique. Il ose parler de politique dans ce qui ressemble fort à un traité théologique qu'il refuse d'écrire en latin. Deux aberrations pour les savants et les hommes d'Église de son temps. Pour rendre ce voyage possible, Dante s'invente une grâce divine orchestrée par une trinité de femmes (la Vierge

Marie, Sainte Lucie* et Béatrice) et se fait accompagner d'un païen illustre et d'une simple mortelle dans les royaumes de Dieu. Il brave toutes les croyances catholiques de son temps, en inventant un jugement avant l'heure par un personnage de la mythologie grecque, Minos, que Dieu devra entériner dans son Jugement final. S'il respecte les péchés capitaux, établis par Saint Grégoire et les conciles de la Sainte Église apostolique et romaine, il n'hésite pas à en inventer d'autres et les classe selon l'ordre païen d'Aristote. Il ne retient au purgatoire que des pécheurs mortels alors que l'Église prône avec force qu'il est exclusivement réservé aux péchés véniels.

Pour rendre ce récit vivant et crédible, Dante le décrit comme le seul fruit de sa mémoire et non de son imagination, il l'habite d'une multitude de contemporains que l'auditeur de la rue reconnait, qu'il s'agisse de ses voisins, des notables qui dirigent sa cité ou d'illustres empereurs, rois ou papes qui ensanglantent son pays par une guerre civile sans fin. Pour assoir sa démonstration du chemin du salut, Dante introduit des faits divers connus, fait réciter à ses personnages des prières que l'Italien catholique a coutume de réciter le dimanche ou lors des fêtes religieuses dans sa paroisse.

Dante établit une véritable rupture dans la poésie, dans la politique et dans la théologie. Il s'affranchit de toutes les contraintes de son époque et se projette dans la Renaissance et le siècle des Lumières avec plusieurs longueurs d'avance. C'est pour toutes ces raisons que sa pensée reste si actuelle. Tout homme peut la transposer à son époque, il lui est loisible d'imaginer un président en enfer, un chef d'entreprise ou un acteur célèbre dans le cercle des avares et des prodigues. Il fixe des règles de l'Église. Il juge en Dieu.

La postérité de La Divine Comédie

Le succès de *La Divine Comédie* a été immense et immédiat en Italie. Le texte fut copié dès les premières années de sa parution en un très grand nombre de manuscrits, et l'avènement de l'imprimerie en a fait un succès mondial. Au XXe siècle, le poème est traduit dans pratiquement toutes les langues, y compris le kazakh, l'indien, le japonais, le persan, le chinois, le turc et l'arabe. Dante est considéré comme le père de la langue italienne car le succès de *La Divine Comédie* a permis au dialecte toscan de s'imposer dans la péninsule pour devenir l'italien. En Italie, *La Divine Comédie* est enseignée pendant trois ans dans tous les collèges et il n'est pas rare de rencontrer un Italien, même de formation modeste, qui ne connaisse par cœur plusieurs tercets du poème sacré, dont plusieurs vers sont devenus des proverbes couramment utilisés. L'adjectif *dantesque* est même entré dans le dictionnaire. L'analyse et le commentaire de l'œuvre sont devenus des matières à part entière. Le nombre incroyable d'exégètes de *La Divine Comédie*, qui s'appliquent à expliquer le sens allégorique de chaque tercet, ne cesse d'impressionner. Les cercles de dantologues peuplent toutes les villes de la péninsule. Des chaires d'universités sont consacrées à l'étude minutieuse de cette œuvre. Le Collège de France lui a consacré plusieurs séries de conférences. Près de la moitié des communes de la péninsule honorent Dante d'un corso, d'une place ou d'une rue. À l'occasion du 700e anniversaire de la mort de Dante, le conseil des ministres italiens a validé le projet selon lequel le 25 mars deviendrait le *Dantédi* : une journée pour se souvenir du génie de Dante. *La Divine Comédie* a inspiré de nombreux artistes dans tous les domaines. Il serait impossible de tous les citer. En peinture, on peut retenir Giotto, Botticelli*, William Blake*, Eugène Delacroix*, Gustave Doré* et Salvador Dali*. En sculpture, l'épisode de Francesca da Rimini et de Paolo a inspiré le fameux *Baiser* d'Auguste Rodin*. La chorégraphe américaine Carolyn Carlson* a monté un spectacle directement inspiré de *La Divine Comédie*. En 1923 à Buenos Aires, l'architecte italien Mario Palanti* a construit le Palacio Barolo, un édifice de cent mètres de haut et de dix-huit étages représentant les cent chants du poème et divisé en trois sections : l'enfer, le purgatoire et le paradis. En littérature, les écrivains amoureux de Dante sont légion. Parmi eux, on peut citer Boccace, Honoré de Balzac*, Victor Hugo*, Malcom Lowry*, Haruki Murakami*, Dan Brown*, Alexandre Soljenitsyne*, Primo Levi* et Phillipe Sollers* pour ne donner qu'un tout petit échantillon. En musique classique, l'œuvre du Toscan a inspiré Franz Liszt*, Piotr Ilitch Tchaïkovski*, Serge Rachmaninov* et Giacomo Puccini*. La liste serait incomplète si on n'incluait pas les très nombreux artistes de musique populaire, de bandes dessinées, de mangas et les cinéastes qui se réclament de *La Divine Comédie* dans leurs œuvres.

Ce succès planétaire en pays chrétiens a conduit l'Église catholique à pardonner à Dante les très nombreuses libertés qu'il a pris vis-à-vis du dogme chrétien de l'au-delà, au point que le pape François*, comme d'autres papes avant lui, a consacré sa lettre apostolique *Candor Lucis æternæ* à louer la grandeur chrétienne de la poésie de Dante Alighieri.

De *La Divine Comédie* et de *L'Épître du Pardon*

Si Dante est banni et exilé de son *doux foyer*[414], on peut considérer que Ma'arrî, reclus, s'est volontairement exilé pendant près de quarante ans dans sa modeste demeure. Tous deux géniaux poètes laïcs, ils font preuve d'une audace folle en se saisissant d'un sujet strictement réservé aux religieux à une époque où l'inquisition guettait tous les déviants d'une stricte orthodoxie. Mais si les deux œuvres abordent l'au-delà, elles sont entièrement différentes.

Dante, homme à la foi catholique chevillée au corps, avait l'impression de s'être égaré au milieu de sa vie, d'être dans le péché. Devenu exilé et dépossédé, le salut de son âme restait la chose qui lui importait le plus. C'est dans ce but qu'il a écrit *La Divine Comédie*. Il y a mis toutes ses ressources, toute l'expérience de sa vie. Il l'exprime par ces tercets lorsqu'il arrive enfin à l'empyrée :

Si jamais il advient que le poème sacré
où le ciel et la terre ont mis la main,
et qui m'a rendu maigre pendant des années,
vainque la cruauté qui me tient au dehors
du beau bercail où je dormis agneau
ennemi des loups qui lui font la guerre,
et avec une autre voix alors, avec une autre laine,
je reviendrai poète, et sur les fonts
de mon baptême je prendrai la couronne[415].

---

414 **OC**, *op. cit.*, Le Banquet, I-III, p. 188-189.
415 **DC**, *op. cit.*, p. 423.

Pour cela il lui fallait, en stilnoviste qu'il était resté, le concours de la *femme au cœur noble*[416], Béatrice, amour platonique de son enfance, la femme qui par amour conduit son homme au repentir et au salut. Mais il lui fallait aussi le concours de la philosophie, personnifiée par son guide Virgile, qu'il a étudié avec beaucoup de soin et qui permet à tout homme, fût-il païen, de distinguer le bien du mal et d'exercer son libre arbitre. L'étude de la théologie lui était aussi nécessaire, lecteur assidu qu'il était de toutes les œuvres théologiques, notamment la *Somme contre les Gentils* de Saint Thomas d'Aquin. Mais comme il croyait fermement que la philosophie était inférieure à la théologie, il fallait qu'il bénéficie en plus d'une intervention divine, d'une grâce inouïe, obtenue par l'intercession de la Vierge Marie, pour qu'il puisse mener ce périple salvateur. Une fois ces conditions réunies, Dante pouvait vivre ce voyage *en homme libre*[417]. Son audace est la conséquence de cette croyance.

Qu'importe s'il mélange des croyances grecques, romaines et catholiques puisqu'il est guidé par le Saint-Esprit. Toutes les libertés lui sont permises dans la mesure où sa foi est intacte. Les saints l'accompagnent, il peut aussi se permettre de juger des papes, des païens, des hommes de pouvoir ou de simples citoyens, les vouer à d'atroces châtiments, relever leurs tares à la postérité comme il le fait avec son maitre Brunetto Latini, ou placer des païens aux limbes parce qu'il admire leur savoir. Il tord le cou aux dogmes, classe les péchés selon la méthode d'Aristote et les cieux selon la science d'Al-Ferghani

[416] Thème réccurent dans la poésie stilnoviste.
[417] *Ibid.*, **DC**, p. 57.

(Alfraganus)*, invente un jugement initial par Minos, place des damnés coupables de péchés capitaux au purgatoire contrairement aux enseignements des pères de l'Église, réconcilie Saint Thomas d'Aquin avec Siger de Brabant par admiration pour Averroès, invente des fleuves qui n'existent pas dans la Bible comme l'Eunoé, explique avec aplomb le sens du libre arbitre, rejette l'absolution des papes, affirme avec force que l'empereur et l'Église ont reçu leur mission de Dieu et que tous deux sont nécessaires pour le bien de l'humanité, et bien d'autres écarts, qui au vu de sa foi et de la grâce dont il bénéficie, lui paraissent mineurs.

Ma'arrî, en agnostique convaincu, croyait à la seule vertu de la raison ; or cette dernière ne permet pas d'appréhender l'au-delà. Il a passé de nombreuses années à écrire son recueil de poèmes les *Lûzumiyyât* où, sans cesse, il dénonce les exégètes et les princes qui profitent de l'inculture du peuple pour assoir leur pouvoir et la superstition du peuple incapable, selon lui, d'utiliser la raison. Pour lui, ce monde terrestre est déjà un enfer et Dieu, dans sa miséricorde, ne peut l'offrir à nouveau dans l'au-delà à sa création. Contrairement à celui de Dante, son récit ne comporte pas une description minutieuse des châtiments et des péchés. Son purgatoire est essentiellement réservé à des êtres surnaturels : les djinns, auxquels il ne croit pas au demeurant. Dans son enfer, à peine effrayant, on rencontre un diable qui défie un élu et pense que les anges, s'ils avaient du courage, devraient le placer en enfer. Il décrit un damné qui, loin de regretter ses turpitudes terrestres, les évoque avec nostalgie.

Son paradis accueille des poètes bachiques, alors que l'islam interdit l'ivresse sur Terre, et des polythéistes qui se sont recueillis devant des idoles à l'époque de la gentilité, alors que le Coran les place en premier pour aller en enfer. Les animaux sont admis au même titre que les bienheureux dans l'Eden. S'ils servent de nourriture aux hommes, leur sacrifice est indolore et ils ressuscitent aussitôt consommés. Mêmes les vipères s'unissent avec les élus pour participer aux délices du paradis.

L'Eden décrit par le Coran, un endroit fortement gardienné, devient une passoire où le propre fils du Prophète profite de l'inattention de Redwane, son gardien, pour projeter Ibn al-Qarîh par-dessus les murailles censées être inaccessibles et le fait entrer par effraction au paradis. La servante de Fatima, la propre fille du Prophète, devient complice malgré elle pour faire traverser le redoutable *sirât* à l'impénitent. Le paradis d'Allah, décrit comme un lieu paisible, abrite selon lui des élus coléreux qui se disputent et s'invectivent, au point que Ibn al-Qarîh prend peur que des anges ne rapportent ce chaos au Seigneur. Les femmes admises au paradis se transforment en houris et peuvent choisir l'homme qu'elles souhaitent pour s'ébattre avec lui en toute quiétude. La famille du Prophète parait dépassée par les nombreuses demandes d'intercession alors que Hamza, l'oncle du Prophète, et les martyrs de l'islam attendent patiemment sur l'esplanade leur Jugement dernier.

Le texte de Ma'arrî est savamment irrévérencieux, il se démarque complètement du texte coranique, de l'exégèse et des contes populaires du *Mi'râj*. La topologie de l'au-delà dantesque est tridimensionnelle alors que celle de Ma'arrî est plate. En réalité, l'immense différence entre Dante et Ma'arrî, c'est que le Florentin a donné corps et même forgé, par son poème sacré, le dogme chrétien de l'au-delà. Même s'il a pris quelques libertés avec les travaux de l'Église, les papes, face à l'accueil du peuple chrétien, ont fini par lui pardonner et vanter sa contribution essentielle à la consolidation de la foi. Ma'arrî, en revanche, a détricoté le dogme musulman de l'au-delà. Il a fait du paradis un lieu ouvert aux païens et adouci les châtiments du purgatoire et de l'enfer. Contrairement à Dante, aucune damnation ne provoque l'effroi, et le paradis parait moins solennel. Ce n'est pas un hasard si son œuvre a été accueillie avec beaucoup de réserves et si elle a tout simplement été occultée pendant des siècles.

Les différences entre les deux œuvres sont telles que j'exclue que Dante se soit inspiré de Ma'arrî, comme l'ont affirmé plusieurs auteurs arabes et musulmans, et comme semble le suggérer le *Dictionnaire encyclopédique de l'islam*[418].

---

[418] **DEO**, *op. cit.*, p 237.

La controverse

Au début du XXe siècle, le prêtre espagnol Miguel Asìn Palacios publie *L'Eschatologie musulmane de La Divine Comédie*, un livre qui va faire beaucoup de bruit, comme nous l'avions évoqué. Il y souligne plusieurs similarités entre *La Divine Comédie* et les contes populaires musulmans du voyage nocturne du Prophète et son ascension au ciel (*Isrâ et Mirâj*), où il a visité l'enfer et le paradis et connu la béatitude. Contrairement à *L'Épître du Pardon*, la tonalité des deux voyages est la même. D'abord, les deux récits sont conçus pour être déclamés en public. Muhammad et Dante se purifient avant de monter au ciel, dans les eaux du *Kawthar*[419] pour le Prophète, dans les eaux du Léthé et de l'Eunoé pour Dante. Leur teint s'adoucit au fur et à mesure de leur ascension. Les châtiments de l'enfer sont décrits avec beaucoup de détails, les damnés et leurs péchés sont explicitement décrits. L'ascension dans les divers cieux est semblable, y compris l'utilisation d'une échelle. Dante est guidé par Virgile et Béatrice, Muhammad par les anges Gabriel et Michael. À toutes ces étapes, les visiteurs sont instruits des mystères divins soit par leurs guides soit par des saints ou des anges. Arrivés à la dernière étape, ils sont abandonnés par leurs guides et la béatitude qu'ils éprouvent ne peut se décrire par des mots.

Que Dante ait lu des auteurs musulmans[420], à travers des traductions en latin ou la lecture des ouvrages de Saint François

[419] Fleuve du paradis musulman.

[420] Notamment Averroès (Ibn Rushd) et Avempace (Ibn Baja).

d'Aquin, est bien probable. Après tout, en homme très cultivé, Dante avait accès à un large pan des écrits d'auteurs musulmans traduits en latin au Moyen-Âge. Ils étaient si célèbres que leurs noms avaient été latinisés (Avicenne pour Ibn Sina, Averroès pour Ibn Rushd, Avempace pour Ibn Bajja, Rhazès pour Razi*, Alkindus pour Al-Kindi*, Alfraganus pour al-Ferghani etc.) Par ailleurs, le Coran avait été traduit en latin par Pierre le Vénérable au XIIe siècle.

Les croisades avaient rapporté beaucoup de livres arabes en Europe, et des savants et des théologiens musulmans étaient conviés à la cour de Fréderic II de Sicile[421], ce dernier parlant l'arabe. Ses troubadours composaient leur poésie en langue vulgaire et rappelaient les odes andalouses et provençales. Ils ont influencé le *stil Novo* cher à Dante. Son maitre, Brunetto Latini, fréquentait la cour d'Alphonse X* de Castille à l'époque où l'école des traducteurs arabes de Tolède était à son apogée. C'est Alphonse X qui demanda à son médecin juif, Abraham Alfaquim, de traduire en castillan les contes populaires du voyage nocturne du Prophète. Le médecin rassembla tous ces contes en un seul recueil connu comme le *Liber Scalae* ou *Le Livre de l'échelle de Mahomet*. Ce livre a tout de suite été traduit en latin et en français par son scribe Bonaventure de Sienne. Nous savons que le Toscan Fazio degli Uberti*, descendant du Gibelin de *La Divine Comédie* Farinata degli Uberti, l'a lu vers 1360 (après l'écriture de *La Divine Comédie*) et qu'il le mentionne dans son livre *Il Dittamondo*.

[421] Frédéric II (1295-1337) est un roi de Sicile contemporain de Dante.

Le livre de Miguel Asìn Palacios parait durant la colonisation du monde arabe, au moment du mouvement de renouveau islamique (*Ennahdha*). Il crée une atmosphère électrique dans les milieux intellectuels arabes. Les empires coloniaux français et britanniques vantaient leur mission civilisatrice : les indigènes arabo-musulmans étaient décrits comme des peuples arriérés sans culture. Or voici qu'un prêtre annonce que le *père de la langue italienne*, le créateur du *poème sacré*[422] aurait imité des œuvres arabes pour écrire *La Divine Comédie*. Palacios signale des emprunts non seulement au *Liber scalae* mais aussi au livre du philosophe soufi Ibn al-Arabi* *Les Illuminations de la Mecque*. Il a aussi la maladresse, me semble-t-il, de rajouter *L'Épître du Pardon* de Ma'arrî. Or, à la parution du livre en 1919, on n'en connaissait que de petits extraits, la première traduction complète de l'œuvre n'ayant été faite qu'en 1943 en anglais par G. Brackenbury et en 1954 par Aicha Abderahmane en arabe. La classe intellectuelle libano-syrienne s'enthousiasme, Jorji Zaïdane* en tête. On affirme que Dante a imité Ma'arrî. Les dantologues italiens s'offusquent. Le grand poète italien ne doit le sublime texte qu'à son inspiration et non à l'imitation d'un Arabe inconnu. Une somme incroyable de publications s'ensuit. Il faudra attendre les travaux de Enrico Cerulli* en 1949, et ses conclusions diplomatiques, pour que la polémique s'apaise. Ce dernier pose la question :*Il existe entre le monde d'outre-tombe, tel que l'a imaginé Dante, et celui qui est décrit dans les textes eschatologiques musulmans, de nombreuses analogies. Ces analogies sont-elles dues à*

[422] **DC**, *op. cit.*, p. 423.

de simples coïncidences, explicables par la communauté d'attitudes intellectuelles que nous décelons aujourd'hui sans difficulté dans le monde médiéval ? Ou bien Dante a-t-il connu les récits islamiques sur le voyage fantastique de Mahomet[423]*?*

Un nouvel examen des textes lui fait écarter un grand nombre de rapprochements effectués par l'Espagnol, mais certaines analogies restent troublantes. Il pense que Dante, n'ayant pas une connaissance de l'islam plus approfondie que les hommes cultivés de son époque, n'aurait pas pu s'inspirer du *Liber Scalae*. En conclusion, il réfute l'hypothèse de Miguel Asín Palacios et affirme que si Dante avait fait des emprunts à l'eschatologie musulmane, ces derniers ne pourraient être que mineurs car selon lui, il lui était impossible à son époque de s'opposer à la majorité des hommes d'Église sur le plan doctrinal étant donné le climat général d'hostilité vis-à-vis de l'islam[424].

Cette polémique montre bien qu'au Moyen Âge central, le monde chrétien n'était pas culturellement étanche au monde musulman. De nombreuses passerelles existaient, alimentées par les croisades, le commerce et la proximité de l'Andalousie et de la Sicile. La prédominance du dogme de l'au-delà dans la vie quotidienne a mené les deux poètes laïcs, malgré leurs sensibilités différentes, à s'emparer du même sujet. S'il me

[423] Maxime Rodinson, « Dante et l'Islam d'après des travaux récents » dans Revue de l'histoire des religions, tome 140, n°2, Paris, Presses universitaires de France, p. 203-236.

[424] Ce mouvement fut initié au XIIe siècle par Pierre le Vénérable. Il ordonna la traduction d'une somme considérable de livres musulmans (regroupés dans la collection Toledana) dans le but avoué de combattre les doctrines islamiques. Les théologiens du XIIIe siècle suivirent le mouvement, notamment la critique du courant averroïste, très en vogue à la Sorbonne.

parait évident que Dante ne s'est pas inspiré de Ma'arrî comme l'ont affirmé certains auteurs arabes enivrés par le livre de Miguel Asìn Palacios, l'influence éventuelle du *Liber scalae* sur le Florentin pourrait resurgir si de nouveaux documents venaient prouver que Dante y avait eu accès.

Apostrophes

Dans son émission littéraire culte, Bernard Pivot* invite Dante Alighieri, un ancien chef d'état européen, qui vient de publier *La Divine Comédie* et dont le succès foudroyant ne cesse de surprendre. Il convie aussi un écrivain syrien, peu connu en Occident, dont le livre *L'Épître du Pardon* fait scandale dans les pays musulmans. Dante, élégamment vêtu, est déjà connu du public, il connait tous les codes de l'audiovisuel. Ce n'est pas le cas de Ma'arrî qui apparait sur le petit écran, aveugle, mal vêtu et manifestement mal à l'aise. Bernard Pivot les reçoit fort courtoisement et leur demande dans la première partie de l'émission de présenter respectivement leurs livres. Dante commence : la présentation de son voyage incroyable dans l'au-delà est rationnelle, structurée, son déroulé sérieux et dense, sa langue poétique et son léger accent italien enchantent le public. Exilé politique, il parait un peu aigri, et s'il écorche de façon un peu méchante tel ou tel dirigeant, il le fait avec panache. L'auditoire est ravi. Ma'arrî enchaine, son humour et son irrévérence surprennent, mais il se perd dans des citations poétiques qui paraissent hors sujet : s'il fait rire le public, il peine néanmoins à le convaincre. Durant la pause publicitaire, un sondage est réalisé auprès du vaste public qui suit l'émission. Dante remporte aisément son suffrage.

Dans la deuxième partie de l'émission, Bernard Pivot pose des questions sur des sujets d'actualité que nos auteurs ont abordé dans leurs livres ou qu'ils ont évoqués dans des œuvres antérieures : la politique, la science, la liberté de croyance et de pensée, la corruption, la superstition, l'écologie, la place des femmes, les guerres, le terrorisme et bien sûr le choc des civilisations entre l'Occident chrétien et l'Orient musulman. Dante explique ces maux qui gangrènent l'actualité par une perte de spiritualité, par le recul de l'autorité parentale. Son discours sévère plait énormément aux plus âgés mais parait décalé pour les nombreux jeunes qui suivent l'émission. Si ses réponses font mouche concernant l'éducation, les guerres et la corruption, il parait moins concerné par l'écologie. Sa vision des femmes semble venir d'une autre époque et sa condamnation des religions autres que le christianisme comme hérésies le rapproche du fanatisme. Ma'arrî, quant à lui, n'épargne ni son peuple ni sa religion, il dénonce avec vigueur la chape de plomb qui s'abat sur les opposants dans son pays ainsi que les mouvements islamistes. Il explique en quoi la croyance des terroristes de gagner le paradis par leurs actes infâmes n'est qu'une superstition de plus polluant la pensée et éloignant l'homme de la raison. Sa sincérité étonne : s'il admet qu'il ne connait rien à l'amour des femmes, il exprime son admiration des combattantes yazidis et séduit de très nombreuses auditrices. Il confie aussi qu'étant aveugle, reclus et ascète, il consomme peu et ne possède pas même de téléphone portable. Il regrette que sa formation littéraire ne lui permette pas de mieux comprendre les avancées scientifiques, mais s'extasie sur la formidable capacité de la raison humaine. En religion, il se montre critique à l'égard de toutes les religions mais avec une extraordinaire tolérance. Contre toute attente, plusieurs Juifs sont séduits. Lorsqu'on aborde les problèmes écologiques et de défense des animaux, Ma'arrî rencontre un grand succès auprès du public féminin et jeune. Au deuxième sondage en fin d'émission, de manière inattendue, Ma'arrî, cet inconnu mal mis, est plébiscité par de nombreuses franges de l'auditoire.

L'émission de Bernard Pivot déclenche une avalanche d'articles dans les journaux, avec cette question centrale : *Que reste-t-il au XXI*[e] *siècle de ces deux œuvres magistrales ?* Sur le plan littéraire et poétique, elles ne cessent de nous émerveiller et le contemporain peut y prendre autant de plaisir qu'à la lecture d'un texte moderne. Si l'homme de notre époque peut être dérouté par les nombreuses références à la théologie, à la politique ou à la société contemporaines de nos auteurs, ils peuvent facilement les transposer au monde contemporain. Le lecteur de Dante peut, selon sa sensibilité, imaginer Khomeini*, Poutine* ou son chef d'entreprise en enfer ou au paradis. De la même façon, le lecteur de Ma'arrî peut s'imaginer dialoguer avec Soljenitsyne, Salman Rushdie* ou Nizar Kabani* de poésie ou de littérature.

On peut se demander ce qui a vraiment changé depuis le Moyen Âge central ? D'une part, l'instauration de la démocratie dans beaucoup de pays avec la séparation des pouvoirs exécutif, législatif et judiciaire tout comme la séparation de l'Église et de l'État, qui instaure le droit des hommes sur terre. D'autre part, on peut relever l'arrivée et le développement massifs de la Science et de ses nombreuses découvertes qui mettent en cause, au moins en partie, les fondements du dogme chrétien et musulman.

Dante a pressenti la séparation de L'Église et de l'État. Il a farouchement défendu la séparation du pouvoir spirituel (pour l'Église) et du pouvoir temporel (pour l'empereur). En ce qui concerne la Science, Darwin nous apprend que les espèces animales et végétales ne cessent de changer pour s'adapter à leur environnement. Que l'homme a pour ancêtre lointain le singe, voire un virus. La biologie moléculaire conforte cette thèse et relève une proximité troublante entre le matériel génétique de l'homme et du singe Bonobo. La crise récente du Covid illustre la formidable capacité du virus à muter, obligeant les laboratoires à adapter en permanence leurs vaccins. Ces découvertes[425] remettent en question les récits bibliques d'Adam, ancêtre commun de l'humanité et de l'arche de Noé pour sauver les espèces animales durant le déluge. Elles remettent aussi en question la théorie du péché originel, héréditaire, selon Saint Augustin.

Par ailleurs, l'étude de l'espace par de puissants télescopes nous apprend que le cosmos est en pleine expansion et que la terre en est une infime partie et non le centre de l'univers. L'expansion de l'espace et la découverte de nombreux trous noirs a donné naissance à la théorie du Big Bang. Des hypothèses mathématiques de plus en plus sophistiquées suggèrent qu'au centre de ces points singuliers, la représentation spatio-temporelle que nous avons du Monde change et que le temps et l'espace à trois dimensions gauchissent au point de disparaitre au centre de la singularité. À ce titre, les travaux du prix Nobel de Physique 2020 Roger Penrose* sont extrêmement intéressants.

[425] D'autres techniques comme l'estimation de l'âge des fossiles grâce au carbone 14 viennent au soutien au transformisme.

L'exploration sismique de la Terre nous apprend qu'il n'existe aucun enfer souterrain. Ces découvertes jettent un trouble sur la création ex-nihilo de l'univers et les docteurs de la loi modernes doivent revisiter le récit de la Bible et du Coran à leurs lumières.

Si la science moderne a pénétré tous les foyers, les théories qui la sous-tendent ne sont pas toutes connues, mais leurs applications pratiques sont devenues tellement quotidiennes qu'elles nous paraissent évidentes : médicaments, engrais chimiques, télévision, téléphone portable, voiture, avion, etc. Nombreux sont les pays qui, tout en jouissant hypocritement des bienfaits de la Science, interdisent l'enseignement de celles qui les dérangent pour des motifs religieux. Toutes ces découvertes, fruit de la raison, plairaient tellement à Ma'arrî.

Ma'arrî est un défenseur ardent de la nature et de la cause animale. Aujourd'hui, 15% des espèces animales et végétales ont disparu à cause du dérèglement climatique. Pourtant, en 2017, Trump, alors président de la plus grande puissance mondiale, s'est retiré de l'accord de Paris, adopté en 2015 par 195 pays, dont l'objectif était de limiter les effets néfastes de ce dérèglement. Les méthodes d'hébergement et d'abattage insoutenables des animaux en France nous montrent que la défense de la cause animale a du chemin devant elle.

La liberté d'expression a couté l'exil et la condamnation à mort à Dante. Ma'arrî soutient que *tous ceux qui pensent sont considérés comme hérétiques*[426]. Aujourd'hui, cette liberté d'expression est muselée dans la majorité du monde,

[426] **EP**, *op. cit.*, p. 208.

malgré l'explosion des réseaux sociaux. Nombreux sont les journalistes, les écrivains, les artistes et les hommes politiques qui croupissent en prison ou sont exécutés pour avoir exprimé publiquement leurs opinions. Malheureusement, les superstitions que notre poète aveugle dénonce sans relâche dans ses écrits subsistent. Elles prennent la couleur des théories complotistes qui envahissent notre monde..

L'enseignement de la philosophie, si chère à Dante, est interdit ou réduit dans une grande majorité de pays. L'enseignement est interdit aux filles et aux femmes en Afghanistan et fait partie de la propagande de nombreux mouvements islamistes. Le harcèlement des minorités religieuses a lieu partout dans le monde (Birmanie, Chine, Inde, pays arabes). Israël, au nom d'un droit biblique, prive des millions de Palestiniens de leurs droits les plus élémentaires, confisque leurs terres, pratique l'apartheid et la punition collective au mépris du droit international. Il ignore les décisions de l'ONU et remet en cause la légitimité de la Cour pénale internationale avec le soutien actif de « la plus grande démocratie du monde ». Les mouvements intégristes musulmans sèment une terreur aveugle dans les pays musulmans et occidentaux en tuant des milliers d'innocents. Jamais dans l'histoire de l'humanité, depuis l'horreur de la Shoah, la devise de Ma'arrî n'a été aussi vraie :

Les religions ont répandu partout
une âpre haine, et dressé entre nous
un douloureux entrelacs de rancœur [427].

[427] **LZ**, *op. cit.*, Tome I, p. 228.

La vente à grande échelle d'armes de plus en plus sophistiquées cause des dégâts sans précédents. Le tiers monde est devenu un laboratoire à ciel ouvert pour les rendre plus létales. Ma'arrî et Dante dénoncent tous deux la corruption, première source d'appauvrissement du monde.

Nous avons vu que l'Église catholique, sous la pression du peuple des croyants, a inventé le purgatoire pour permettre à ceux qui ont commis des péchés mineurs de les purger et d'accéder au paradis... Dante va plus loin, puisqu'il étend ce privilège à ceux qui ont commis des péchés mortels. Ma'arrî fait valoir l'immense miséricorde divine, présente dans le Coran, pour permettre à une majorité de gens d'accéder à l'Eden.

Une partie des musulmans se sent mal à l'aise face au décalage de leur religion avec les réalités du monde. Des contemporains d'un grand courage, comme Abelwahab Meddeb*, Muhammed Talbi*, Faouzia Charfi*, Mahmoud Hussein*, Muhammed Arkoun*, Abdallah Laroui*, Youssef Seddik* et bien d'autres, essaient de nous éclairer sur un message religieux qui a été obscurci et manipulé pour trouver de nouvelles voies où chacun puisse vivre sa croyance en toute liberté, sans avoir la peur au ventre. Ils œuvrent créer la possibilité de nous ouvrir au monde sans ressentiment en nous appelant à travailler dur, à élever notre savoir, à balayer devant notre porte et rentrer en égaux au XXIe siècle. Je crois que les laïcs, moins contraints que les religieux, sont plus à même de nous aider à nous émanciper et à réformer le dogme, pour permettre aux portes de l'enfer de s'ouvrir au paradis.

Glossaire

Abbas	Abdallah Ibn Abbas. Cousin paternel du prophète. Expert du Coran. (619-687)
Abd al-Rahim Ahmad	Intellectuel arabe qui présente en 1897 au Congrès des orientalistes à Paris une notice bibliographique de Ma‘arrî avec un manuscrit de *L'Épître du Pardon.*
Abd al-Rahmane	Fondateur de l'Émirat omeyyade de Cordoue. Fuit la tentative d'assassinat orchestrée par Al-Saffah (fondateur de l'Empire abbasside) qu'il ne reconnait pas. Émir charismatique et diplomate habile, il réussit à assoir son pouvoir en profitant des divisions au sein de la population andalouse. (731-788)
Abdallah Laroui	Universitaire, historien, islamologue et romancier marocain. (Né en 1933)
Abdelwahab Meddeb	Écrivain, poète et animateur de radio franco-tunisien. (1946-2014)
Abd al-Qadir Al-Jilani	Soufi et prédicateur hanbalite. Fondateur de la confrérie Quadiriyya. (1078-1146)
Abid (b. al-Abras)	Poète préislamique (510-560). Connu pour son pessimisme. Mort victime d'un sacrifice humain ?

Abid b. Zayd	Poète préislamique et interprète. Il est élevé à Ctésiphon en Perse et écrit beaucoup de poèmes sur le vin et la vanité humaine. (550-600)
Abraham Alfaquim	Juif ibérique, médecin et traducteur de l'École de Tolède, a travaillé pour le roi Alphonse X. (1225-1294)
Abu Ali b. Furraga	Grammairien que Ma'arrî rencontre à Bagdad.
Abu Bakr	Un des premiers convertis à l'islam. Beau-père du Prophète et premier calife *bien guidé* qui succède à Muhammad. Durant son court règne, il doit combattre les mouvements d'apostasie en Arabie. (573-634)
Abu Hamza	Cadi hanafite de Alep à l'époque de Ma'arrî.
Abu Hanifa	Théologien, juriste fondateur de l'école de jurisprudence sunnite dite hanafite. (669 -767)
Abu Hassan al-Raba'i	Grammairien que Ma'arrî rencontre à Bagdad
Abu Hassan al-Maghribi	D'origine persane, il prend la tête du diwan du Maghreb sous le califat abbasside au Xe siècle. Son fils Ali sert les dynasties ikhshisides et hamdanides au XIe siècle. Son petit-fils Ali devient Vizir de l'Empire fatimide du Caire.

Abu Hassan al-Nahawî	Grammairien que Ma‘arrî rencontre à Bagdad.
Abu Lahab	Oncle paternel et ennemi acharné du Prophète.
Abu Nasr al-Manazi	Vizir marwanide à l’époque de Ma‘arrî.
Abu Nawas	Poète ayant vécu sous la dynastie abbasside. Il s’écarte des canons de la poésie arabe classique et excelle dans la poésie bachique et érotique. (747-815)
Abu Qacem al-Maghribi	Poète et homme d’État. Son père Ali al-Maghribi, vizir fatimide, a été exécuté par le calife al-Hakim. (981-1027)
Abu Talib	Oncle paternel du Prophète Muhammad, un des chefs de la tribu Quraych, qui le protège durant sa vie contre ses détracteurs. (539-619)
Abu Tammâm	Poète arabe converti. Panégyriste du calife abbasside al-Mu’tassim. (805-845).
Acace	Prêtre, écrivain et évêque d’Antioche (mort en 250).
Actes de Pilate	ou Évangile de Nicodème est un évangile apocryphe écrit en grec dans les premiers siècles du christianisme.
Adi b. Zayd al-Ibadi	Poète chrétien. Chante le vin, la

	prison et les erreurs de jeunesse. (550-600)
Adrien V	Pape de l'Église catholique pendant 39 jours. (1205-1276)
Agapet I	Saint chrétien et pape. (mort en 536)
Agilulf	Roi des Lombards en Italie. (555-616)
Aïcha	Fille de Abu Bakr et épouse favorite du Prophète. (614-678)
Aïcha Abderahmane	Théologienne, exégète du Coran et universitaire égyptienne. Élève de Taha Hussein, soutient son doctorat sur *L'Épître du Pardon* et publie pour la première fois l'œuvre en arabe. (1913-1998)
Al-A'sha	Poète préislamique ayant vécu l'avènement de l'islam et connu pour ses panégyriques. (590-629)
Al-Akhtal	Poète chrétien de la période omeyyade, connu pour ses poésies érotiques, ses élégies et satires. (640-710)
Al-Ayed	missionnaire ismaélien (*da'ai*) à l'époque de Ma'arrî.
Al-Chafi'i	Théologien, juriste et fondateur de l'école de jurisprudence sunnite dite chafi'ite. (767-820)
Al-Farabi	Philosophe d'origine persane. Il a vécu en Syrie. C'est un des maitres

	de la *falsafa,* influencé par Platon, Aristote, Plotin, Porphyre de Tyr et Simplicius. (872-950)
Al-Farisi	Grammairien d'Alep à l'époque de Ma'arrî.
Al-Ferghani (Alfraganus)	Astronome et mathématicien. (mort en 861)
Al-Hakim	Calife fatimide qui règne entre 996 et 1021.
Al-Karim	Juge (*cadi*) d'Alep à l'époque de Ma'arrî.
Al-Hallâj (Mansur)	Mystique persan, soufi d'obédience sunnite, poète traduit par Louis Massignon. Condamné à mort pour hérésie parce qu'il se compare à Dieu par sa formule *ana al-haqq* (je suis la vérité) qui scandalise les docteurs de la Loi. (858-922)
Al-Karim	Juge (*cadi*) d'Alep à l'époque de Ma'arrî
Al-Khalil	Grammairien à l'époque de Ma'arrî.
Al-Kindi (Alkindus)	Philosophe hellénisant, théologien, médecin, chimiste, musicologue et mathématicien. (801-873)
Al-Mahdi	Calife abbasside qui règne entre 775 et 785.
Al-Mahdi	Douzième imam shiite, non mort mais occulté selon la croyance de ses adeptes, les Imamites.

	Reviendrait avant la fin des temps pour établir la paix et la justice.
Al-Ma'mūn	Calife abbasside qui règne entre 813 et 833.
Al-Mansur	Calife abbasside qui règne entre 754 et 775.
Al-Mut'assim	Calife abbasside qui règne entre 833 et 842.
Al-Muntassir	Calife fatimide qui règne entre 1036 et 1095.
Al-Muntassir	Calife abbasside qui règne entre 861 et 862.
Al-Mutawakkil	Calife abbasside qui règne entre 847 et 861.
Al-Qadîr	Calife abbasside qui règne entre 991 et 1031.
Al-Saffah	Fondateur de l'Empire abbasside en 750. (722-754)
Al-Tanubi le jeune	Juge (*cadi*) à Bagdad à l'époque de Ma'arrî.
Al-Wagika (cheikh)	Conservateur de la bibliothèque Sabù à Bagdad à l'époque de Ma'arrî.
Al-Wāthîq	Calife abbasside qui règne entre 842 et 847.
Al-Zahraji	Secrétaire du Prince hamdanide Nasr al-Dawla à l'époque de Ma'arrî.
Albert le Grand	Frère dominicain, théologien, naturaliste et chimiste allemand.

	Introduit en Europe les sciences grecques et arabes. Professeur à l'université de Fribourg, de Strasbourg et à la Sorbonne. A eu pour élève Thomas d'Aquin. Canonisé en 1931. (1193-1280)
Ali (b. Abi Talib)	Cousin germain et gendre du Prophète, il épouse sa fille Fatima. Un des premiers convertis à l'islam et quatrième calife *bien guidé*. Il est considéré par les shiites comme leur chef spirituel. (509-661)
Alphonse X	Roi de Castille. S'entoure de savants et de traducteurs juifs, chrétiens et musulmans. Il fait traduire de l'arabe *Kalîla et Dimna*, une version du *Pañchatantra* et du livre du *Miraj* (ascension de Mahomet au ciel). (1221-1284)
Alqama	Poète préislamique du VIe siècle. Sa description des autruches est fameuse.
Ammit (Ammout)	Déesse égyptienne à tête de crocodile qui mange les âmes jugées non aptes à rejoindre le monde des morts.
Amr (b. Adi)	Poète préislamique et roi lakhmide. Pendant son règne, il a protégé les manichéens. (mort en 302)

Amr (b. al-Ass)	Général arabe : batailles de Badr, de Uhud, de la Tranchée, de Siffin et de Yarmouk, conquêtes de L'Égypte, de la Syrie et du Maghreb. Gouverneur d'Égypte. Mort en 664.
Anastase II	Pape qui essaie de combattre le schisme acacien. Mort en 498.
Antara	Poète préislamique. Un de ses poèmes a été suspendu pendant un an à l'enceinte de la ka'abâ (*mu'al-laqua*). Connu pour sa bravoure et son amour impossible avec sa cousine Abla, parce que noir. Antara meurt assassiné par un rival. (525-608)
Antée	Dans la mythologie grecque, Antée est un géant, fils de Poséidon et de Gaïa.
Apocalypse de Jean	Dernier livre du Nouveau Testament composé à la fin du I[e] siècle, attribuée parfois à l'apôtre Jean.
Apocalypse de Paul	Texte apocryphe chrétien, écrit en copte et en syriaque entre 240 et 250 av. JC, est une description du ciel et de l'enfer.
Apocalypse de Pierre	Texte apocryphe chrétien écrit en grec, rédigé entre 125 et 150 à Alexandrie.
Aristote	Philosophe grec, fondateur du

	Lycée. (384 av. JC-322 av. JC)
Arnaut Daniel	Trouvère provençal de la fin du XIIe siècle.
Assam Bacha	Sculpteur syrien contemporain. Réalise une statue de Ma‘arrî à Montreuil.
Athéa	Divinité de la guerre, de la sagesse, de la pensée et des armes. Une des principales déesses de l’Olympe.
Attila	Souverain des Huns, ennemi de l’Empire romain.
Auguste	Empereur romain. Sous son empire, Rome connait une période de stabilité (*Pax Romana*). (27 av. JC-14)
Auguste Rodin	Peintre et sculpteur. (1840-1917)
Aws (b. Hajar)	Poète préislamique de la tribu de Hira, contemporain de Zuhayr b. Abî Selma. Célèbre pour sa description de l’âne sauvage, de son chameau, de l’arc de guerre et pour sa célébration des nobles vertus bédouines.
Bartolomeo della Scala	Seigneur de Vérone. (1270-1304)
Bashshâr b. Burd	Poète d’origine persane arabisée. Il a été emprisonné pour athéisme (*Zandaqa)* et mort noyé dans le delta de l’Euphrate. Connu pour ses satires des arabes, admirateur du zoroastrisme, il déclare préférer le

	diable à Adam. (714-784)
Bède le vénérable	Moine anglo-saxon, écrit *L'Histoire ecclésiastique du peuple anglais.* (672-735)
Bélisaire	Général romain d'Orient au service de Justinien. Bat les Sassanides à Dara, écrase la sédition Nika, conquiert le royaume vandale d'Afrique du Nord et Rome. (500-565)
Bernard de Clairvaux	Moine, saint catholique et prometteur de l'ordre cistercien. (1090-1153)
Bernard le vénérable	Moine bénédictin, abbé de l'Abbaye du Mont Saint Michel. Mort en 1149
Bernard Pivot	Journaliste, écrivain, critique littéraire et animateur de télévision. Fonde le magazine *Lire* et anime à l'émission littéraire *Apostrophes.* (1935-2024)
Bertran de Born	Troubadour célèbre, seigneur de Hautfort. Il aurait succité des dissensions entre Henri le jeune et son père Henri II d'Angleterre. (1140-1215)
Billal	Esclave noir affranchi par Muhammad. Connu pour sa belle voix, il faisait l'appel à la prière.
Bocca degli Abbati	Gibelin florentin. Il tranche, lors de la bataille de Montaperti en 1260,

	la main du porte-enseigne florentin et contribue ainsi à la défaite des Guelfes.
Boccace	Écrivain florentin, écrit le Décaméron. (1313-1375)
Boèce	Philosophe et homme politique latin, écrit *La consolation de la philosophie*. (480-524)
Boèce de Dacie	Philosophe danois. Enseigne la philosophie à la Sorbonne avec Siger de Brabant. Condamné par Étienne Tempier pour être un chef de file averroïste. Il est détenu pour quelque temps avant de devenir dominicain. (1240-1284)
Bonaventure de Sienne	Traducteur dans la cour de d'Alphonse X de Castille.
Boniface VIII	Élu pape en 1294 après l'abdication de Célestin V. Théocratique, sa bulle *Unam Sanctam* manifeste la primauté du spirituel sur le temporel. Organise de nombreux complots dont les *Vêpres siciliennes* et favorise la prise de pouvoir des Guelfes Noirs à Florence qui vaut son bannissement et exil à Dante. Il s'associe à Charles de Valois pour reconquérir la Sicile et le nomme Roi. S'oppose à Philippe IV le Bel,

mais il est déposé et remplacé par Benoît XI.

Bossuet — Homme d'Église, prédicateur et écrivain français. (1652-1704)

Boticelli — Peintre italien de la Renaissance. (1445-1510)

Brackenbury — Traducteur de *Risalat al ghufran : a divine comedy*, publié en 1943 par Al-Maaref Printing and Publishing House, Cairo.

Brunetto Latini — Notaire, philosophe et chancelier de la République florentine. Diplomate auprès de la cour de Alphonse X de Castille où il fréquente les traducteurs arabes. Exilé, il s'installe en France où il étudie l'averroïsme. Après la victoire de Charles d'Anjou, il revient à Florence où il se consacre à l'enseignement. Dante et Guido Cavalcanti sont ses élèves. Auteur d'une encyclopédie en langue d'oïl : *Le Trésor*. (1220-1294)

Brutus — Sénateur romain, juriste et philosophe. Un des meurtriers de César. (85 av. JC-42 av. JC).

Buonagiunta — Juge et poète toscan.

Cacciaguida — Trisaïeul de Dante et chevalier de la seconde croisade où il suit

	l'empereur Conrad III. Il meurt en Terre sainte. (1091-1148)
Christophe Colomb	Navigateur Génois. « Découvre » l'Amérique. (1451-1506)
Caïphe	Sanhédrin ou Grand prêtre du Temple de Jérusalem. Il estimait que Jésus mettait la nation juive en danger et *qu'il est préférable qu'un homme meure plutôt que la nation tout entière.* Il persuade les Pharisiens de condamner à mort le Christ (Jean, XI, 49-50).
Cangrande della Scala	Condottiere de Vérone à l'époque de Dante à qui il offre l'hospitalité. En 1314, il écrase les Padouans rebelles à l'Empire.
Capocchio de Florence	Alchimiste de l'époque de Dante. Brulé vif à Sienne en 1293 comme faussaire.
Carolyn Carlson	Danseuse et chorégraphe franco-américaine. Née en 1943.
Casella	Toscan qui met en musique des vers de Dante.
Cassius	Un des meurtriers de César.
Caton d'Utique	Homme politique romain, resté dans l'histoire comme une figure du stoïcisme, célèbre pour sa fermeté d'âme. A vécu à Utique (Tunisie actuelle). Se suicide après

	la défaite de ses troupes de Pompée en 46 av. JC.
Céleste	Disciple de Pélage.
Célestin V	Moine bénédictin qui fonde l'ordre des Célestins. Devient pape mais abandonne sa charge, peu après son élection, au profit de Boniface VIII.
Centaures	Dans la mythologie grecque : créatures mi-hommes, mi-chevaux, vivant dans les montagnes de Thessalie et qui furent tués par Thésée.
Cerbère	Chien monstrueux à trois têtes dans la mythologie grecque, gardien des Enfers, dont la voix terrorise ceux qui l'approchent.
Césaire d'Arles	Moine et évêque d'Arles. (470-542)
Charlemagne	Roi des Francs et empereur carolingien d'Occident. (742-814)
Charles de Valois	Petit-fils de Saint Louis. Comte de Valois, de Chartres, du Maine et d'Anjou, d'Alençon et du Perche. Roi d'Aragon. (1270-1325)
Charles I d'Anjou	Comte de Provence, participe à la septième croisade, allié du Pape, il s'empare de Naples en battant Manfred de Hohenstaufen à la bataille de Bénévent. Devient roi de Naples et de Sicile, mais la colère suscitée par sa présence déclenche

	les *Vêpres siciliennes*. Il est chassé de Sicile, le pape lui ôte son titre de sénateur romain et de vicaire impérial en Toscane. Il est remplacé par Pierre III d'Aragon. (1227-1285)
Charles II d'Anjou	Fils de Charles I d'Anjou. Prince de Salerne, roi de Naples, comte de Provence, d'Anjou et du Maine. (1254-1309)
Charles Legros	Empereur carolingien déchu. On lui attribue plusieurs visions de l'au-delà dont la *Visio Karoli Grossi*. (839-888)
Charles Martel	Roi de Hongrie. (1271-1295)
Charles Martel	Duc des Francs. Figure fondatrice du système féodal au Moyen Âge. Affronte les Arabes et les bat à Poitiers. (688-741)
Charon	Fils des ténèbres et de la nuit, dans la mythologie grecque. Il est le passeur de l'enfer.
Ciacco	Bouffon florentin du XIIIe siècle.
Clément d'Alexandrie	Père de l'Église qui cherche à harmoniser la pensée grecque et le christianisme. (150-215)
Clément V	Évêque de Comminges, archevêque de Bordeaux et pape. Connu pour son indécision, il abroge l'ordre des Templiers.

Cléopâtre	Un des derniers pharaons d'Égypte compagne de Jules César et de Marc Antoine. Sa défaite à la bataille d'Actium met fin à l'époque hellénistique.
Clovis	Roi mérovingien qui unifie les royaumes francs. (466-511)
Conrad II de Souabe	ou Conrad de Hohenstaufen. Duc de Souabe. Mort assassiné. (1170-1196)
Constance d'Altavilla	Fille de Roger II, roi de Sicile. Femme de l'empereur Henri VI de Souabe et mère de Fréderic II. Selon la légende, elle aurait été retirée du cloître pour épouser Fréderic. (1154-1198)
Constantin I	Pape, établit de bons rapports avec l'empereur Justinien II. Condamne la doctrine monophysite qui ne reconnait qu'une nature au Christ. (680-715)
Constantin I	Empereur romain qui met fin à la tétrarchie. Convoque le concile de Nicée. Favorise le christianisme et il est canonisé par l'Église. (272-337)
Dan Brown	Romancier américain auteur de best-sellers, né en 1964.
Darwin	Naturaliste et paléontologue britannique dont les travaux sur

	l'évolution des espèces vivantes a révolutionné la biologie avec son ouvrage *L'origine des espèces* paru en 1859. (1809-1882)
Denys l'aréopagite	Auteur de la *Hiérarchie angélique.*
Dhahabi	Historien damascène à l'époque de Ma'arrî.
Dioclétien	Empereur romain qui règne de 284 à 286 à Rome puis de 286 à 305 en Orient.
Domitien	Empereur romain, se distingue en militaire pendant la première guerre judéo-romaine et persécute les juifs et les chrétiens. Devient empereur à la mort de Vespasien. Durant son court règne il réévalue la monnaie, organise la défense des frontières et lance d'ambitieux programmes de construction. (51-96)
Egidio	Troisième disciple de Saint François d'Assise. Né en 1190, il est l'auteur des *Verba aurea*, un recueil de « dits » qui était, parait-il, tenu en haute considération par Saint Bonaventure.
Énée	Dans la mythologie grecque, fils d'Anchise et d'Aphrodite. Chanté par Virgile dans *L'Énéide.* Il est le fondateur mythique de Rome.

Enrico Cerulli	Ethnologue et orientaliste italien. (1898-1988)
Érinyes	Divinités persécutrices dans la mythologie grecque.
Étienne II	Diacre et Pape. (714-754)
Eugène Delacroix	Peintre romantique français. (1798-1863)
Ézéchiel	Prophète de l'Ancien Testament ayant vécu au royaume de Juda à l'époque où il fut envahi par Nabuchodonosor (VIe siècle av. JC) assiste à la destruction du premier Temple de Jérusalem.
Fabricius	Traduit en 1638, le recueil *L'Éclat du Silex* de Ma'arrî.
Fakr al-Mulk b. Ammar	Juge (*cadi*) Shiite de Tripoli qui crée, après la mort de Ma'arrî, une université où plusieurs œuvres du poète ont été réunies.
Farinata (del Uberti)	Chef des Gibelins florentins, chasse les Guelfes en 1248 puis il est exilé en 1258. En 1258, il s'allie à Manfred I de Sicile et bat les Guelfes à Montaperti, il rentre à Florence, mais refuse que la ville soit détruite. Il meurt à Florence en 1264. Après la défaite définitive des Gibelins les maisons des Uberti ont été rasées.

	En 1283, Farinata est condamné pour hérésie à titre posthume.
Fatima	Fille du Prophète et de Khadija, épouse de Ali et mère de Hassan et Hussein. Elle est vénérée par l'ensemble des musulmans particulièrement les shiites. (604-632)
Fawzia Charfi	Physicienne et femme politique tunisienne née en 1941.
Fazio del Uberti	Écrivain et poète toscan postérieur à Dante. Auteur du *Dittamondo*. Il avait lu le *Liber scalae* qui décrit la montée au ciel du Prophète Muhammad. (1309-1367)
Filippo Argenti	De la famille florentine des Adimari, membre du parti guelfe noir. Personnage coléreux de *La Divine Comédie*. On raconte qu'il aurait giflé Dante et confisqué ses biens durant son exil.
Flavius Josèphe	Historiographe romain d'origine juive connu pour avoir écrit l'histoire des juifs au Ie siècle. (37-100)
Folquet de Marseille	Troubadour, amoureux de nombreuses dames, il se convertit et devient moine cistercien puis évêque de Toulouse. (1155-1231)
Foresi Donati	Guelfe florentin, poète stilnoviste,

	ami de jeunesse de Dante.
Franco Bolognese	Miniaturiste italien à l'époque de Dante.
François	Pape jésuite intronisé en 2013.
Franz Liszt	Compositeur et pianiste hongrois. (1811-1886)
Fréderic Barberousse	Fréderic I de Hohenstaufen. Empereur du Saint-Empire romain germanique. Excommunié, il meurt pendant la troisième croisade. (1122-1190)
Fréderic II	(de Hohenstaufen). Roi de Sicile, duc de Souabe, roi des Romains, empereur du Saint-Empire, roi de Bourgogne-Provence et roi consort de Jérusalem. (1194-1250)
Fréderic II de Sicile	Roi de Sicile. (1272-1337)
Frères de la Pureté	(*Ikwan assafa).* Mouvement shiite clandestin, rationnel et communisant, qui se développe essentiellement à Bassora et Bagdad sous l'Empire abbasside.
Gaston Wiet	Orientaliste, directeur du Musée arabe du Caire et professeur au Collège de France. (1887-1971)
Genséric	Roi des Vandales et des Alains. (389-477)
Géryon	Dans la mythologie grecque, c'est un géant à trois corps joints au

	niveau de la taille : deux jambes, six bras, trois troncs et trois têtes. Symbole de la fraude selon Dante.
Ghazali	Philosophe, théologien, logicien, juriste et mystique musulman. Sunnite et critique d'Avicennes. (1058-1111)
Gherardo da Camino	Seigneur de Trévisse de 1283 à 1306.
Gherardo de Saint-Zénon	Abbé de Saint Zénon à Vérone, connu pour sa paresse.
Giacomo Puccini	Compositeur italien. (1858-1924)
Gilgamesh	Roi en Mésopotamie. Son épopée en a fait une sorte de dieu de l'enfer.
Giotto	Peintre, sculpteur et architecte italien. (1266-1337)
Gratien	Moine camaldule dont la biographie est peu connue. Écrit vers 1140 une grande compilation de droit canon qu'il s'efforce de mettre en accord avec le droit civil (connue sous le nom du *Décret de Gratien).*
Grégoire III	Pape d'origine syrienne proche des pauvres, sollicite Charles Martel pour repousser les Lombards, mort en 741.
Grégoire IX	Évêque d'Ostie et pape. Son pontificat est marqué par la création de l'Inquisition et les nombreux

	conflits qui l'oppose à l'empereur et aux rois de France et d'Angleterre. (1145-1241)
Grégoire VII	Moine bénédictin, évêque de Rome et pape. Artisan de la Réforme grégorienne qui rend obligatoire le célibat des prêtres et s'oppose à Henri IV pour l'investiture des évêques. Il meurt après avoir été chassé par le peuple. (1015-185)
Griffolino d'Arezzo	Se vante d'avoir le secret de voler dans l'air. Dante le classe dans la catégorie des faussaires et des alchimistes. Mort en 1272.
Guido Cavalcanti	Poète italien de *dolce stil novo*, premier ami (*primo amico*) de Dante. (1250-1300)
Guido de Montefeltro	Seigneur de Montefeltro, chef Gibelin qui devient dominicain avant sa mort. Il aurait conseillé au pape Boniface VIII de prendre Palestrina, forteresse appartenant aux Colonna, ses ennemis. Il héberge Dante durant son exil. (1223-1298)
Guido del Duca	Gentilhomme de Romagne.
Guido Guinizelli	Poète italien de *dolce stil novo*, gibelin et bolognais. (1230-1276)
Guido Novello	Seigneur de Polenta et poète. Il héberge Dante durant son exil.

	(1275-1323)
Gustave Doré	Illustrateur, caricaturiste, peintre, lithographe et sculpteur français. Illustre l'enfer de Dante. (1832-1883)
Hamza	Oncle paternel du Prophète. Meurt en martyr à la bataille de Uhud. (568-625)
Hannibal	Général et homme politique carthaginois. Connu pour son exploit de traverser les Pyrénées et les Alpes pour faire le siège de Rome. (247 av. JC-183 av. JC)
Haroun al-Rachid	Calife abbasside qui règne de 786 à 809.
Haruki Murakami	Écrivain japonais contemporain, né en 1949.
Hassan	Fils aine de Ali et de Fatima. Succède à son père comme second imam shiite en 661 puis renonce au califat en faveur de Mu'awiyya pour préserver l'unité des musulmans. (624-670)
Hassan al-Basri	Savant musulman, ascète et transmetteur de *hadîths*. (642-728)
Hénoch	Arrière-grand-père de Noé.
Henri de Navarre	dit le Gros, Comte de Champagne et roi de Navarre. (1244-1274)
Henri IV	Empereur du Saint-Empire. (843-962)

Henri Laoust	Orientaliste, directeur de l'Académie arabe de Damas, professeur au Collège de France. (1905-1983)
Hérode	Roi de Judée, à l'époque de Jésus, connu pour ses bonnes relations avec les Romains.
Honoré de Balzac	Romancier, critique d'art, journaliste et imprimeur français. Auteur de *La Comédie humaine*. (1799-1850)
Honorius d'Autun	Moine, géographe et théologien d'origine irlandaise. (1180-1154)
Hugalu	Hulagu Khan le conquérant mongol, petit-fils de Gengis Khan, occupe, après un court siège, Bagdad, met à sac et brule la capitale abbasside, tue le dernier calife al-Muta'sim, massacre 800 000 habitants et réduit à néant la plus grande bibliothèque du monde.
Hughes-Capet	Roi franc, fondateur de la dynastie capétienne. (939-996)
Hughes de Saint-Victor	Philosophe, mystique et théologien. (1096-1141)
Hussein	Frère jumeau de Hassan, fils de Ali et de Fatima. Troisième imam shiite. Ne reconnait pas le califat de Mu'awiyya. Il est mort en martyr à la bataille de Karbala. Considéré par les shiites comme le prince

	des martyrs. L'anniversaire de sa mort est l'occasion, tous les ans, de manifestations géantes où des milliers de shiites se flagellent. (626-680)
Hypsipyle	Jeune vierge qui dans la mythologie grecque sauve son père en le cachant aux femmes de l'ile de Lemnos.
Ibn al-Abbas	Cousin paternel de Muhammad. Expert en Coran. (619-687)
Ibn al-Arabi	Théologien, juriste, poète et philosophe soufi andalou. (1165-1240)
Ibn al-Bakri	Poète arabe, peu connu, cité par Ma'arrî.
Ibn al-Jarrâh	Vizir de Sayf al-Dawla, prince hamdanide.
Ibn al-Kathir	Juriste shâfi'ite, historien et traditionniste. (1301-1373)
Ibn al-Muqafâa	Administrateur omeyyade puis abbasside. Écrivain et traducteur. Né en Iran, se convertit à l'islam, meurt exécuté pour hérésie par le calife al-Mansur. Auteur de *Kalila et Dimna.* (720-756)
Ibn al-Râwandi	Sceptique d'origine persane. Rejoint l'école mu'tazilite avant de s'en éloigner. Il critique la révélation. Il écrit *Al-Damigh* censé

	surpasser le Coran. (827-911)
Ibn al-Rumî	Poète et satiriste shiite. Son père est grec. (836-896)
Ibn-Bajja (Avempace)	Philosophe du courant *falsafa*, médecin, astronome, géomètre, musicien et poète andalou. Accusé d'hérésie par ses contemporains. (1080-1139)
Ibn Hanbal (Ahmad)	Théologien, ascète et fondateur de l'école de jurisprudence sunnite dite hanbalite. Il s'oppose aux mu'tazilites lorsqu'ils prennent le pouvoir. Il est arrêté, torturé puis libéré. Influence le courant salafiste. (780-855)
Ibn Khalawayh	Grammairien et exégète du Coran actif dans la cour de Sayf-al-Dawla (le sultan hamdanide) à Alep. (890-980)
Ibn Khaldoun	Historien, géographe, économiste, démographe est un précurseur de la sociologie. Son œuvre maitresse est la *Muqaddima* (Prolégomènes). Né à Tunis, il finit sa vie en Égypte. (1332-1406)
Ibn Rushd (Averroès)	Philosophe, théologien, juriste et médecin andalou. Considéré comme un des plus grands philosophes musulmans et un des

grands noms de la *Falsafa.* Il a vécu en Andalousie et au Maroc et a influencé les philosophes médiévaux juifs et latins. (1126-1198)

Ibn Sinà (Avicenne) — Philosophe, théologien et médecin persan et un des grands noms de la *Falsafa.* Contemporain de Ma'arrî, son *Canon de la médecine* est traduit en latin par Gérard de Crémone en 1187 et sert pour enseigner la médecine en Europe jusqu'en 1909. (980 -1037)

Ibrahim — Fils du Prophète et de Maria, sa concubine chrétienne. Mort à l'âge de deux ans. (630-632)

Imru al-Qays — Poète emblématique de la période préislamique (500-550). Sa *mu'allaqua* est classée en première position.

Inquisition — Dans le contexte catholique le mot est utilisé dans son sens initial (avec majuscule) pour désigner le Tribunal crée par GrégoireI IX pour démasquer et condamner les hérétiques. Dans le contexte musulman, le mot est utilisé dans son sens courant (avec minuscule) pour désigner la chasse aux

	hérétiques. Il a été utilisé dans ce sens par Henri Laoust (Schisme de l'islam, p. 101).
Innocent III	Pape, développe la lutte contre l'hérésie cathare. Convoque le IVe concile de Latran qui statue sur les dogmes, le célibat des prêtres, la réforme de l'Église, les croisades et la discrimination des Juifs. (1160-1216)
Ismâ'îl	Fils aîné du sixième imam shiite Jaâfar, probablement mort avant son père, raison pour laquelle les shiites duodécimains ne le reconnaissent pas comme imam. (719-762)
Isidore de Séville	Évêque de Séville, ami de Grégoire le Grand, théologien et historien. (570-636)
Jaâfar	Dit Jaâfar as-Sâdiq, sixième imam duodécimain des shiites. Il semblerait qu'il soit mort empoisonné par le calife abbasside al-Mansour. (700-765)
Jamal Eddine Bencheikh	Universitaire franco-algérien, spécialiste de poésie et littérature médiévale. (1930-2005)
Jannâbi	Chef des Qarmates de Bahreïn. Entreprend le sac de la Mecque et la capture de la pierre noire. (906-944)
Jason	Chef des Argonautes dans la

	mythologie grecque. Il s'est emparé de la toison d'or en Colchide. Séduit Ysiphile et Médée, qu'il abandonne.
Jean de Jandun	Philosophe averroïste. (1285-1328)
Jorgi Zaydan	Chrétien, écrivain, journaliste et enseignant libanais. Membre mouvement nationaliste arabe. (1861-1914)
Judas Iscariote	Un des douze apôtres de Jésus qui aurait facilité l'arrestation de Jésus. Archétype du traître. Mort en 30.
Julien de Tolède	Théologien, poète et historien. Archevêque de Tolède. (642-690)
Junon	Dans la mythologie romaine, reine des cieux. Elle symbolise le mariage et la fécondité.
Jupiter	Dieu romain qui gouverne la terre et le ciel, ainsi que tous les êtres vivants s'y trouvant.
Justinien	Empereur romain d'Orient, auteur du *Corpus Juris*, cherche à unifier l'empire. (482-565)
Khadija (b. Khuwaylid)	Première épouse du Prophète. Mère des croyants. Marchande aristocrate, deux fois mariée avant d'épouser Muhammad, de quinze ans son ainée. Elle lui donne quatre filles : Zaynab, Rukayya et Umm

	Kulthum (épouses successives de Uthman Ibn Affan, troisième calife de l'islam) et Fatima (épouse de Ali). Meurt en 619.
Khansâ	Poétesse née avant l'islam et morte sous le califat de Umar. Connue pour ses élégies funèbres à la mémoire de ses frères tués pendant des combats tribaux.
Khomeini	Dignitaire shiite. Après son exil en France, il rentre en Iran, renverse le Shah et fonde la République islamique d'Iran. (1902-1989)
Labid	Poète préislamique connu pour ses poèmes guerriers. Il se convertit à l'islam en 629. (560-661)
Lachésis	Dans la mythologie grecque, elle décide de la vie à accorder à chaque être en mesurant le fil de la vie.
Léon le Grand	Pape qui réprime les manichéens et les pélagiens. Négocie avec Attila la retraite des hordes hunniques et avec Genséric la survie de Rome
Livre d'Esdras	Livre biblique de l'Ancien Testament du Ve siècle av. JC.
Livre d'Hénoch	Livre apocryphe de l'Ancien Testament écrit entre le IIIe et le I^e siècle av. JC.
Livre de Daniel	Écrit en hébreu et en araméen, il

	fait partie de la Bible. Il décrit la captivité du peuple juif à Babylone sous le règne de Nabuchodonosor.
Livre des morts	Dans l'Égypte ancienne, ce livre est placé dans le sarcophage du mort pour l'aider à surmonter les nombreuses épreuves qui l'attendent.
Mage Simon	Mage gnostique à l'époque du Christ. Mort en 65.
Mahmoud Hussein	Pseudonyme de Bahgat al-Nadi et Adel Rifaat qui écrivent à quatre mains. Réfugiés politiques, ils obtiennent ensemble un doctorat en philosophie politique. Célèbres pour *La lutte des classes en Égypte* et *Al-Sîra*. Respectivement nés en 1936 et 1938.
Malcom Lowry	Poète et romancier britannique. (1909-1957)
Malek b. Anas	Imam, théologien et juriste musulman, fondateur de l'école de jurisprudence sunnite dite malékite. (711-795)
Manfred de Hohenstaufen	Roi de Sicile. Fils de Fréderic II et petit-fils de l'impératrice Constance de Souabe. En s'emparant du trésor impérial, il provoque la fureur du Pape qui l'excommunie. Tué par

	Charles d'Anjou à la bataille de Bénévent. (1232-1266)
Marc Antoine	Homme politique et militaire romain. Participe à plusieurs combats sous le règne de César. Devient membre du triumvirat. (83 av. JC-30 av. JC)
Marc d'Aréthuse	Évêque d'Aréthuse dans la province romaine de Syrie, sous le règne de Constantin I. Il est célébré comme saint par l'Église orthodoxe et l'Église catholique.
Marco Lombardo	Courtier de Lombardie, homme de cour, doté de grandes qualités morales.
Marco Polo	Marchand, explorateur, diplomate, ethnologue et écrivain vénitien. Célèbre pour sa description de la Chine et de la Mongolie. (1254-1324)
Mario Palanti	Architecte italien qui travaille beaucoup en Amérique du Sud. (1885-1978)
Marzûbani	Écrivain, historien et collecteur de hadiths. (909-994)
Méléagre	Fils de Athée. À sa naissance, les Moires prédisent que sa vie est liée à la combustion d'un tison. Pour le préserver, sa mère enlève la buche du

	foyer et la dissimule, mais lorsqu'il tue ses frères, elle brule le tison et provoque la mort de Méléagre.
Michel Scott	Théologien, philosophe, astrologue de Fréderic II. Traducteur à Tolède et à Bologne, mort en 1235.
Miguel Asìn Palacios	Écrivain espagnol, spécialiste de la pensée arabo-andalouse, islamologue et prêtre catholique. Écrit *L'Eschatologie musulmane de la Divine Comédie.* (1871-1944)
Minos	Fils de Zeus et d'Europe, Il a l'image dans la mythologie grecque d'un sage et sévère législateur.
Minotaure	Monstre à la tête d'un homme et au corps d'un taureau. Dans la mythologie grecque, il est né de Pasiphaé et d'un taureau blanc. Il a été enfermé par Minos dans un labyrinthe.
Mondher Sanâdiqi	Extrémiste shiite, qui selon Ibn al-Qarîh, fomente un complot au Yémen au IXe siècle.
Moustapha Saleh	Orientaliste, membre de l'Institut Français du Proche-Orient.
Moutannabî	Poète de la période abbasside. Considéré comme un des plus grands poètes arabes de tous les temps. Il compose essentiellement des élégies

et des satires. Après avoir été le favori de Sayf al-Dawla, le sultan hamdanide, il se met au service de Kâfûr, le gouverneur Ikhchide d'Égypte. Il meurt assassiné. (915-965)

Mu'awiyya (b. Abi Suffian)	Gouverneur de Syrie et fondateur de l'Empire omeyyade. (602-680)
Mucius Scaevola	Jeune praticien romain qui essaie par patriotisme de tuer le roi des envahisseurs de Rome Porsenna, mais au moment de passer à l'acte, il se trompe de cible et tue son secrétaire. Il est fait prisonnier. Plutôt que de dénoncer ses troupes, il plonge la main qui a tenu le poignard dans un brasier, face au roi ennemi, pour lui montrer la détermination des partisans de Rome.
Muhammad	ou *Mahomet*. Prophète de l'islam. Issu de la tribu de Quraych, reçoit la révélation en 610, à l'âge de quarante ans. Sa tribu paganiste s'oppose à lui. Son oncle Abu Talib et sa première épouse Khadija le protègent. Ses rares disciples sont persécutés et certains obligés de fuir. À la mort de ses protecteurs, il est obligé d'immigrer avec le groupe des premiers musulmans

	à Médine. Très vite, il s'impose comme chef politique, militaire et religieux. S'il échoue à convaincre les juifs à rejoindre l'islam, il réussit à reconquérir la Mecque et à unifier les tribus arabes. Après la conquête de la Mecque et la conversion de ses ennemis, il déclare l'islam achevé. Il meurt à Médine sans laisser de successeur désigné. (570-634)
Muhammad Arkoun	Intellectuel, historien, islamologue et philosophe algérien. (1928-2010)
Muhammad Talbi	Historien, penseur et islamologue tunisien. (1921-2017)
Musa	Dit Musa al-Kāthim. Septième imam des shiites duodécimains. (745-799)
Myrrha	Mère d'Adonis dans la mythologie grecque. On prétend que sa beauté surpassait celle d'Aphrodite. La déesse, jalouse, se venge et provoque un inceste entre Myrrha et son père puis la transforme en arbre de myrrhe.
Namir b. Tawlab al-Okbi	Poète mineur cité par Ma'arrî dans *L'Épître du Pardon*.
Nasr al Dawla	Émir hamdanide de Mossoul. Mort en 969.
Nemrod	Personnage de la Bible après le dé-

	luge. Chasseur réputé et fondateur du premier royaume de Mésopotamie, il fait élever la tour de Babel.
Néron	Empereur romain qui persécute les chrétiens. (37-68)
Nessus	Centaure dans la mythologie grecque.
Nicholson	Reynold Alleyne Nicholson (1868-1945) est un orientaliste britannique spécialiste de Rumî, traducteur et enseignant à Cambridge.
Nicolas III	Pape d'origine italienne qui reprend à Charles d'Anjou les prérogatives que Clément IV lui a accordées en Sicile.
Nizar Kabani	Poète syrien. (1923-1998)
Oderisi da Gubbio	Peintre et enlumineur italien. (1240-1299)
Omberto Aldobrandeschi	Comte de Santafiora, au sud de la Toscane, mort en 1259 lors de la bataille de Compagnatico contre Sienne.
Origène	Exégète biblique. (185-253)
Othon IV	Sacré empereur du Saint-Empire après une longue lutte contre son oncle Philippe de Souabe. Il est le dernier empereur de la famille des Welf (qui a donné son nom aux Guelfes) dans la compétition avec

	les Hohenstaufen (dont les partisans sont les Gibelins). (1175-1218)
Ottokar II	Roi de Bohème. (1230-1278)
Ovide	Poète latin, connu pour *L'Art d'aimer* et les *Métamorphoses*. (43 av. JC-18)
Pasiphaé	Mère du Minotaure et épouse de Minos dans la mythologie grecque.
Pélage	Moine ascète (350-420), jugé hérétique par l'Église catholique en 418.
Pépin le Bref	Roi des Francs, fondateur de la dynastie carolingienne, fils de Charles Martel et père de Charlemagne. (714-768)
Philippe de Souabe	Roi de Germanie de la maison des Hohenstaufen, opposé aux Guelfes. (1117-1208)
Phillipe IV	Roi de France et de Navarre. (1268-1314)
Phillipe Sollers	Écrivain français. (1936-2023)
Phlégias	Personnage de la mythologie grecque. Rendu furieux par le viol de sa fille, il incendie le temple d'Apollon à Delphes. Pour ce sacrilège, les dieux le punissent et le condamnent à une peine éternelle au Tartare (enfer grec).
Photin	Diacre de Thessalonique, soutenu par le pape, alors qu'il ne voulait voir qu'un homme en la personne

	du Christ. (300-376)
Pierre de la Vigne	Juriste et poète de famille modeste. Chancelier de Frederic II, qui l'accuse à tort d'avoir voulu l'empoisonner et lui crève les yeux. Pierre, désespéré se suicide en prison. (1190-1249)
Pierre III	Roi d'Aragon et de Sicile, épouse Constance de Sicile fille de Manfred de Hohenstaufen, devient roi de Sicile après les *Vêpres Siciliennes*, mais il est excommunié par le pape Martin IV. (1239-1285)
Pierre le Vénérable	Auvergnat, neuvième abbé de Cluny. (1092-1156)
Pierre Lombard	Évêque italien, théologien et professeur de scholastique. (1100-1160)
Pilate	Préfet romain de Judée qui a condamné Jésus à la crucifixion.
Piotr Ilitch Tchaïkovski	Compositeur russe d'opéras, symphonies, ballets et mélodies. (1840-1893)
Platon	Philosophe grec, contemporain de la démocratie athénienne. Écrit *Le Banquet* et *La République*. A influencé les occidentaux et les arabes. (428 av. JC- 347 av. JC).
Pluton	Dieu des enfers dans la mythologie romaine.

Poutine	Président de la Fédération de Russie. Né en 1952.
Primo Levi	Écrivain et docteur en chimie italien. Déporté dans le camp de concentration d'Auschwitz. Dans ses livres, il raconte son expérience de survivant de la Shoah. (1919-1987)
Rabi'a al-Adawiyya	Mystique et poétesse musulmane. Grande figure du soufisme. (714-801)
Raymond Bérenger IV	dit de Saint Gilles, comte de Barcelone, de Gérone, d'Osona et de Toulouse. Assure la tutelle de son neveu (Comte de Provence). Conquiert de nombreux territoires aux musulmans. (1113-1162)
Razi (Rhazès)	Médecin, alchimiste et philosophe rationaliste musulman. (865-935)
Redwane	Gardien du paradis musulman.
Richard de Saint Victor	Moine écossais, mystique et prieur de l'abbaye Saint Victor. (1110-1173)
Rinieri da Calboli	Seigneur de Calboli, membre de la noble famille Guelfe Paolucci.
Robert de Naples	Comte de Provence et roi de Naples. (1277-1343)
Rodolphe I de Hasbourg	Duc de Carinthie, duc d'Autriche et roi des Romains. (1218-1291)
Roger Penrose	Mathématicien. Prix Nobel de Physique 2020. Né en 1931.

Romieu de Villeneuve	Connétable, grand sénéchal de Provence et chanoine. Nommé juge supérieur du comté de Provence par Raymond Bérenger IV. Il aurait marié les filles de son seigneur, n'en récoltant qu'ingratitude. (1170-1250)
Ruggieri	Archevêque de Pise mort en 1295.
Saint Ambroise	Évêque de Milan et Père de l'Église. (339-397)
Saint Augustin (Augustin)	ou Augustin d'Hippone (Afrique du Nord) est un philosophe et théologien chrétien, canonisé en 1298. (354-430)
Saint Basile	ou Basile de Césarée / Basile le Grand. Ascète, Père de l'Église, fondateur d'un monastère, auteur de la principale règle monastique de l'Église d'Orient qui a inspiré la règle de Saint Benoît. (329-379)
Saint Benoît	Fondateur de l'ordre des Bénédictins, considéré comme le patriarche des moines d'Orient et d'Occident. (480-547)
Saint Bernard	Bernard de Clairvaux, promoteur de l'ordre cistercien. (1090-1153)
Saint Bonaventure	Général des franciscains. (1221-1273)
Saint Boniface	Archevêque de Mayence et légat

	de Germanie, placé par le pape Grégoire II sous la protection de Charles Martel, il évangélise la Germanie. (690-754).
Saint Brandan	Moine irlandais, écrivain et prêtre catholique. (486-575)
Saint Chrysostome	Archevêque de Constantinople et Père de l'Église. (344-407)
Saint Cyprien	Évêque et martyr chrétien. (200-258)
Saint Dominique	Dominique de Guzmán, fondateur de l'ordre des Dominicains. (1170-1221)
Saint Éphrem	ou Éphrem le syriaque. Docteur de l'Église, ascète, théologien, diacre, écrivain et poète en syriaque. (306-373)
Saint François d'Assise	Religieux et mystique catholique. Fondateur de l'ordre des Frères mineurs. (1182-1226)
Saint Grégoire	ou Grégoire le Grand. Évêque de Rome et Pape. La légende veut que Grégoire obtienne que l'empereur Trajan (ressuscité) se convertisse et aille au ciel pour avoir fait preuve de charité à l'égard d'une pauvre veuve. (540-604)
Saint Jacques	Juif de Galilée, un des douze apôtres de Jésus, mort en 44.
Saint Jean	Juif, un des douze apôtres de Jésus.

	On lui attribue la rédaction de l'Évangile selon Saint Jean.
Saint Jérôme	Moine, traducteur de la Bible et Père de l'Église. (347-420)
Saint Laurent	Martyre chrétien qui affronte le bucher plutôt que de renoncer à la foi. Il est brulé vif en 258.
Saint Luc	Syrien, médecin et disciple de Paul. Auteur de l'Évangile selon Saint Luc.
Saint Marc	Juif. On lui attribue la rédaction de l'Évangile selon Saint Marc. (5-68)
Saint Mathieu	Juif de Galilée, un des douze apôtres de Jésus, mort en 71.
Saint Michel	Archange dans le judaïsme, le catholicisme et l'islam. Chef de la milice céleste du Bien. Terrasse le diable. Responsable de la pesée des âmes le Jour du jugement.
Saint Paul	ou Paul de Tarse. Juif et citoyen romain qui persécute les disciples de Jésus avant de devenir chrétien. Apôtre des Gentils, il propage le christianisme en Asie Mineure, en Grèce et à Rome. Il est arrêté à Jérusalem et après plusieurs procès, il est décapité à Rome.
Saint Pierre	Juif de Galilée, disciple et apôtre de Jésus. Premier évêque de Rome

	et fondateur de l'Église. Mort en martyre à Rome en 64.
Saint Thomas d'Aquin	Religieux italien de l'ordre dominicain, considéré comme un des principaux maîtres de la scholastique et de la théologie catholique. (1225-1274)
Sainte Lucie	Vierge de Syracuse, martyre lors des persécutions de Dioclétien.
Saladin	Premier dirigeant de la dynastie kurde ayyoubide qui remplace le Califat fatimide. Règne sur l'Égypte et la Syrie, il combat les États latins d'Orient et affronte la troisième croisade et reconquiert Jérusalem. Ennemi des chrétiens au Moyen Âge mais fort admiré pour sa légendaire courtoisie. (1138-1193)
Sâlih (b. Mirdass)	Prince Mirdasside à l'époque de Ma'arrî.
Salman Rushdie	Écrivain américano-britannique d'origine indienne. Objet d'une fatwa édictée par l'ayatollah Khomeini pour son roman *Les Versets sataniques*. Né en 1947.
Salomon	Fils du roi David, roi d'Israël, réputé pour sa Sagesse, construit le Temple de Jérusalem. On lui attribue le Cantique des cantiques. Mort en 931 av. JC.

Salvador Dali	Peintre, sculpteur, graveur et écrivain espagnol. (1904-1989)
Sayf al Dawla	Fondateur de l'Émirat hamdanide shiite d'Alep. Chef militaire, s'entoure de nombreux poètes dont Moutannabî. (915-967)
Serge Rachmaninov	Compositeur, pianiste et chef d'orchestre russe. (1873-1943)
Shanfarâ	Poète du VIe siècle, chassé de sa tribu, il devient brigand, toujours accompagné de son oncle Ta'abbata Sharran.
Sharîf al-Murtadâ	Descendant de l'imam shiite Musa al Kāthim, est considéré comme un des plus grands lettrés shiites de son temps. (965-1044)
Shimon bar Kohba	Patriote juif et instigateur de la deuxième guerre judéo-romaine.
Sibawayh	Grammairien arabe du Moyen Âge.
Sibylle	Prophétesse dans la mythologie grecque.
Siger de Brabant	Philosophe et professeur à la Sorbonne, condamné par l'Église pour ses thèses averroïstes. (1235-1284)
Soljenitsyne (Alexandre)	Romancier, poète et essayiste. Dénonce l'univers des goulags en URSS. Prix Nobel de littérature. (1918-2008)
Sordello	Mantouan, célèbre troubadour,

	admiré de Dante. Mort en 1273.
Stace	Poète latin. (45-96)
Sylvestre (Gozzolini)	Abbé de Fabiano, contemporain de Saint François d'Assise.
Sylvestre	ou Sylvestre I, Pape contemporain de Constantin. Dante lui reproche d'avoir inventé la Donation de Constantin qui fonde juridiquement le pouvoir temporel du Saint-Siège. Mort en 335.
Taha Hussein	Linguiste, romancier, historien, traducteur, critique littéraire, universitaire et ministre de la Culture Égyptien sous Nasser. Il a écrit deux livres sur Ma'arrî et a été le directeur de la thèse de doctorat que Mme Aicha Abd al-Rahmane a consacré à *L'Épître du Pardon.* (1989-1873)
Tajón de Saragosse	Théologien et évêque de Saragosse. (600-683)
Talha (b. Ubaid Allah)	Compagnon du Prophète. Un des dix promis au paradis qui se distingue pendant la bataille de Uhud. Meurt pendant la bataille du chameau qui l'oppose à Ali. (595-656)
Tertullien	Théologien chrétien et écrivain en langue latine. (160-220)
Théodose I	Empereur romain. Unifie l'Empire

	et fait du christianisme religion d'État. Il a été sanctifié. (347-395)
Thumāmā b. al-Ashras	Théologien mu'tazilite mort en 828.
Titus	Empereur romain. Son règne connait une éruption du Vésuve, l'incendie de Rome et une épidémie de peste. En militaire, il réprime la première guerre judéo-chrétienne et détruit le second Temple de Jérusalem. (39-81)
Trajan Dèce	Empereur romain qui réprime les chrétiens qui refusent les sacrifices aux dieux romains. (201-251)
Turnus	Roi des Rutules d'Ardée. S'oppose à l'installation du Troyen Énée et ses compagnons dans le Latium.
Ugolino della Gherardesca	Noble italien et commandant militaire de Pise. A trahi les Gibelins, son parti. Il est emprisonné à la Tour de Pise avec ses enfants et petits-enfants, qu'il aurait mangés. (1220-1289)
Ulysse	Héros de la mythologie grecque, mari de Pénélope. Se distingue par la ruse durant la guerre de Troie. Chanté par Homère dans son *Odyssée*.
Umar	Dit Umar b. al-Khattab. Deuxième « calife bien guidé » de l'islam. Succède à Abu Bakr et règne pendant dix ans. Se convertit tardivement à

l'islam (616) et après avoir été un redoutable ennemi du Prophète, participe à toutes les batailles de l'islam naissant et se distingue par sa bravoure. À la mort du Prophète, il soutient Abu Bakr (contre Ali) et lui succède deux ans plus tard à la tête du jeune État. Comme calife, il fixe le calendrier musulman, organise les impôts, défait les Sassanides et les Byzantins et conquiert la Syrie, l'Irak, la Perse et l'Égypte. Il fonde la ville de Kufa et nomme les premiers gouverneurs des provinces. Il est assassiné à Médine par un esclave zoroastrien. Sa fille Hafsa épouse le Prophète. (584-644)

Urbain VI — Pape autoritaire, succède au dernier pape d'Avignon. (1318-1389)

Uthman (b. Affan) — Troisième calife *bien guidé* de l'islam. Succède à Umar et règne pendant près de douze ans. Se convertit très tôt à l'islam en 611 mais sous la vindicte de son clan, il est obligé d'immigrer en Abyssinie. Il rejoint le Prophète à Médine et épouse successivement deux de ses filles. Il ne se distingue pas particulièrement

	sur les champs de bataille. Sous son règne la conquête musulmane se poursuit pour inclure l'Afrique du Nord et une partie de l'Espagne, la Nubie, l'Anatolie et une partie de l'Asie centrale. S'il recense le Coran, son règne se caractérise par son népotisme. Il meurt assassiné à Médine après un siège de quarante jours de sa maison. (574-656).
Vanni Fucci	Pilleur d'églises à l'époque de Dante.
Victor Hugo	Poète, écrivain et romancier français. (1802-1885)
Vincent Mansur-Monteil	Orientaliste français, écrivain et traducteur, militaire et résistant. (1913-2005)
Virgile	Poète latin, contemporain du début du règne de l'empereur Auguste. Écrit notamment *L'Énéide,* qui inspire Dante. Il est le père du latin classique. (70 av. JC-19 av. JC)
Walid II	Calife omeyyade qui règne de 743 à 744.
Wãsil Ibn Ata	Théologien musulman, fondateur de l'école mu'tazilite. (700-748)
William Blake	Peintre, graveur et poète brittanique. (1757-1827)
Yazid I	Deuxième calife omeyyade, fils de

	Mu'awiyya (646-683).
Yazid II	Neuvième calife omeyyade, règne entre 720 et 724.
Youssef Seddik	Philosophe, anthropologue et islamologue tunisien. (Né en 1943)
Zayd b. Ali	Imam et théologien. Arrière-petit-fils de Ali, les zaydites le considèrent comme l'imam légitime des shiites. (695-740)
Zuhayr (b. Abi Salma)	Poète préislamique. Un de ses poèmes a été jugé exemplaire au point d'être suspendu pendant un an à l'enceinte de la ka'abâ (*mu'al-laqua*). Ce privilège protégeait sa tribu pendant un an de toute razzia. (530-627)
Zubayr (b. al-Awwam)	Compagnon du Prophète, a participé à toutes les batailles de l'islam naissant. Il fait partie des dix personnes à qui le Prophète a promis le paradis. (594-656)

Bibliographie

Table des matières

Achevé d'imprimer par Pulsio en Octobre 2024.
Dépôt légal Octobre 2024.
Imprimé en Communauté Européenne.